有情　有品　有用　有趣

有事漫商量

范揚書

人民政协报　人民政协网◎编

中国文史出版社

编委会

策　划：王相伟

主　编：谭明悦　李木元　汪俞佳　解艳华

编　辑：杨朝英　韩　雪　牛忠磊　位林惠

崔姝音　李　恒　田　涛　秦　云

张佳琪　王琦玮　刘　聪

漫　画：刘学波　李文慧

设　计：赵庆庆　李文慧　魏琳通

题　字：中国国家画院画家　范　扬

序

老话儿说：女怕嫁错郎，男怕入错行。如今，女孩最怕的是不是嫁错郎无从得知，但不管男女，如今最怕的应该不是入错行，而是要半道转行。

作为曾经风光无限的传统媒体，尤其如此。说转行恐怕有点儿夸张，但面对新媒体这个愣头青的迅猛崛起和疯狂撩拨，转型总归是要的。

传统媒体从业者如何转型？做新媒体应该从什么角度入手？相信这个问题是这几年绝大多数传统媒体从业者都在思考的问题。

人民政协报的同志们也不例外。虽然面对新媒体挑战带来的严冬，我们可能还穿着一条体制内的秋裤没被冻死，但也早已在瑟瑟发抖了。

于是共识便在瑟瑟发抖中形成了——新媒体早晚是要做的。但怎么做才能做出点儿响动来，不至于纵身跳入数以千万计的新媒体汪洋大海中，连个水花儿也看不到？

找不到新媒体生产者的感觉，那便从新媒体产品用户的感觉入手——自己喜欢看啥？为啥喜欢看？人家有哪些优点？这些优点咱们能不能借鉴、复制……

顺着这个思路，大家集思广益、脑洞大开，把自己喜欢的产品特点归拢一下，再结合自家的优势特色和发展需要，便有了基本的定位：

一是要有用。“用”即价值、内涵。不能削足适履，追求形式而忽视内在，因为无用则不长久。

二是要有趣。“趣”即新颖、幽默。不能新瓶旧酒，原样照搬而索然无味，因为无趣便无关注。

三是要有品。“品”即品位、格调。不能曲意迎合，为求流量而自降身价，因为无品则流于俗。

四是要有情。“情”即情怀、特色。不能四处出击，抛开政协而另立炉灶，因为无情则泯于众。

为了便于记忆，我们将之归结为四个字——“情趣用品”。

而对于传统媒体而言，我们亟待解决的，应该是一个“趣”字。因为价值、品质和情怀我们尽是有的，但于有趣，却始终囿于传统未能有过尽情尝试的机会——尽管我们之中不乏闷骚型的“骚客”。

在这样的定位与思路下，人民政协报第一个新媒体试水之作——“有事漫商量”便应运而生：

围绕全国政协协商议政活动的主题，以幽默的漫画、文字进行深度解读，告诉网友全国政协为什么会把这些内容作为主题，跟大家的工作生活到底有着怎样的关系。更重要的是，我们还会把网友围绕这些主题在评论中提出的有价值的意见建议，及时搜集整理反馈给相关部门以供参考，以期形成网络议政的完美闭环，彰显中国式商量的独特魅力。

让严肃的，变有趣；让高深的，接地气。“有情、有趣、有用、有品”得到了充分的体现，而效果，也足令我们这些参与其中的菜鸟感到欣慰。

当然，回首三年多来的实践，“有事漫商量”距离我们自己，特别是用户的期待还有着很大的差距，我们是有着足够的自知的。之所以不揣鄙陋将之结集成册，一方面是便于读者对我们三年来的探索有个全景式的了解，另一方面也是便于我们自己今后的提升与改进有个参考，还望读者朋友不吝批评指正。

是为序。

人民政协报社总编辑　王相伟

2022 年 11 月 1 日

近年来，顺应新时代新媒体发展节奏，人民政协报开始在移动端原创宣传品牌上发力，用新形式、新方法报道全国政协重点工作和政协委员的履职风采，《有事漫商量》公众号就是其中之一。该公众号注重互联网思维运用，文字生动幽默，漫画直观谐趣，既有政协特色又兼具生活性和趣味性，给广大网友以启发。

——全国政协常委、民进中央副主席　朱永新

《有事漫商量》以生动新颖的形式呈现了十三届全国政协以来全过程人民民主的生动实践。我从自身参与的全国政协多项协商活动中，感受到《有事漫商量》的“记录价值”，感受到新时代专门协商机构的“商量力量”。

——全国政协常委、提案委员会委员　张连起

访民情，探民意，话民生，用接地气的话，道老百姓的理。《有事漫商量》以漫画形式表现政协协商活动，贴近生活，朴素自然，风趣诙谐，敏锐有力，以时下人们热议的话题、常用的语汇、喜萌的形象表达交流议政要点，富有创意、新意，也别具吸引力和影响力。

——全国政协委员、中国文联副主席　潘鲁生

互联网飞速发展的背景下，传统媒体也在寻求突破和创新。人民政协报社跳出“舒适圈”，尝试从用户的角度出发，策划出多元化的新闻作品和产品，通过漫画把政协工作推向大众，让大众了解政协，确实让人眼前一亮。

——全国政协委员、360 集团创始人　周鸿祎

新媒体时代下，不少传统媒体都在创新自身新闻采写方式与传播途径，为受众提供更加优质的新闻报道及媒体服务。很高兴看到人民政协报作为全国性统一战线报纸，也开始尝试用漫画、长图等创新形式，让大家感觉政协并不那么遥远，值得点赞！

——全国政协委员、新东方教育集团创始人　俞敏洪

全国政协双周协商座谈会所议国是，虽居庙堂之高，却切民生之肤，牵扯全局，关联千万。而这种牵扯与关联是如何做到的，《有事漫商量》给出了很好的诠释与普及，它把讲好人民政协协商民主成效的故事与漫画艺术有机结合，既雅俗共赏，又具浪漫风采，既增强社会主义文化自信，又展现新时代人民政协为人民的新形象。

——全国政协委员、农工党河南省委会副主委　花亚伟

作为人民政协报媒体融合向纵深发展的代表性产品，《有事漫商量》坚持“有趣、有用、有品、有情”的定位，通过漫画的形式讲中国故事、讲政协故事、讲委员故事，十分新颖独特，让人想读爱看、为之点赞。几篇读下来，渐感民主的面孔绝非冰冷，中国式商量魅力独特、甘之如饴。

——第十、十一、十二届全国政协委员，故宫博物院原院长　单霁翔

人民政协报第一个新媒体试水之作——《有事漫商量》，把政协参政议政过程中的政治立场、原则、态度、办法、建议等转化成新媒体语言，这和医学科普很相似，将敬而远之的东西做得和蔼可亲。该作品方向清晰、定位准确、构思巧妙、趣味浓厚，大大提升了政协报的贴近性和阅读体验。

——全国政协委员、战略支援部队特色医学中心主任　顾建文

《有事漫商量》是人民政协报在新时代的一种创新。它围绕全国政协重要协商议题和社会热点，把严肃的内容转化成有趣的漫画形式，有效引导广大网民更愿意且容易了解政协、参与协商；它也是一本很有品位的漫画作品，充满了艺术性、高尚的格调和正能量。

——全国政协委员、北京理工大学人文与社会科学学院院长　李　健

我曾在 2019 年参加过全国政协关于“大运河文化遗产保护性传承”主题的双周协商座谈会。在这里，我第一次体会到双周会是实现政协委员为国尽责、为民履职的一座桥梁!《有事漫商量》也像是一座桥梁，政事漫画谈，一头连着政协，一头连着百姓，值得推荐!

——全国政协委员、首都经济贸易大学文化与传播学院副院长　郭媛媛

“有事漫商量”公众号第一期《网络时代，知识产权到底咋保护》一亮相，我就立即关注并分享到政协委员群和朋友圈。作为全国首部用漫画反映政协履职的科普书，用漫画的形式真正做到将知识性与趣味性完美融合，生动形象地将国事、时事、家事呈现在读者眼前，深入浅出、博古论今地让读者明白个中道理，在“科普”中享受欢乐。

——广州市政协常委、广东省新的社会阶层人士联合会副会长兼网络新媒体分会会长　曹志伟

《有事漫商量》以诙谐有趣的长条漫画形式，聚焦全国政协的协商议政活动，将重要主题、重要内容巧妙、形象地化作人民关心的身边事、常聊的嘴边话，读来接地气、有活力。

——中国经济传媒协会副会长、传媒茶话会创始人　刘灿国

我曾有幸参加过全国政协的一次双周会，没想到《有事漫商量》会用漫画长图来宣传报道会议，有预热，也有知识延展，去掉了固定、枯燥的表现形式的束缚，确实让人耳目一新。

——全国劳动模范、中国一汽铸造模具设备厂钳工　李凯军

目　录

001

序

001

网络时代，知识产权到底咋保护？

023

道路千万条，啥是第一条？

039

“预告骗”，到底犯啥法了？

055

创新驱动发展，谁来驱动创新？

075

人工河，好“生”不好“养”？

093

我能想到最浪漫的事，就是能踏踏实实养老

107

创意无节制，才能可劲造——关于制造，
你造多少？

123

家风提神家教醒脑，专治各种发育不好

139

滚蛋吧，穷神君！

155

揭秘！彭祖为什么能向天再借八百年？

171

敢侵犯公共利益？小心告你

185

6 周年，厉害了我的“一带一路”！

199

谁开发、谁保护，谁破坏、谁恢复……
都 SEI 跟 SEI 啊

214

后　记

网络时代，
知识产权到底咋保护？

2018 年底，阿里巴巴向“四十大盗”宣战，联合 21 家企业共同发起了“浙江省知识产权保护联盟”。

2019 年 1 月 1 日，最高人民法院知识产权法庭在北京揭牌。以后相关民事行政上诉案件找到组织了。

最高人民法院
知识产权法庭

那么，知识产权到底是个什么权？为啥整这么大动静去保护？以后，网上还能愉快地免费下歌、下电影不？

懵圈了吧？这些问题不弄清楚，你就很可能成为侵犯知识产权的帮凶而不自知。

今天漫姐儿就跟大家伙儿扒一扒知识产权保护那些事儿——

说起人类的知识产权保护意识，可谓源远流长。早在 5000 多年前中国半坡村出土的陶器上就有了制作者的名字。

不过最早有专利保护的却不是咱中国人……

英国

早在 1236 年，英王就给一位做布的市民颁过 15 年特权。100 年后，又一位英王给一位市民织布染布的独占权利。

中世纪时，威尼斯共和国就凭借区位优势控制了贸易路线。

暴发户不低调，早晚要挨炮。

1797 年，土豪中的战斗机威尼斯遭遇威猛先生拿破仑，几记“杀威棒”下去就被灭了。

虽然从正国级被削成地市级，影响力大不如前，但被灭前，威尼斯共和国干了件大事儿——1474 年 3 月 19 日，颁布了世界上第一部专利法《发明人法规》。伽利略就曾获过该国颁发的扬水灌溉机专利权。

被威尼斯人抢先立法，英国人不甘人后，于 1623 年颁布《垄断法》。

1710 年，大英帝国发扬“日不落作不息”的精神，颁布了世界第一部具有现代意义的版权法，全称是《为鼓励知识创作而授予作者及购买者就其已印刷成册的图书在一定时期内之权利的法》。

好说！因为是安娜女王颁布，所以简称《安娜女王法令》。

托女王的福，广大文艺工作者干起活儿来更带劲儿了。

- 1790 年，建国仅 7 年的美国仿照《安娜女王法令》颁布了《联邦版权法》；
- 1898 年，光绪帝签发了中国有史以来首部专利法《振兴工艺给奖章程》；
- 1910 年，灭亡前的大清朝又颁布了首部著作权法《大清著作权律》。

皇帝宝座的专利期到了

KFC

King of Forbidden City

此后，越来越多的国家意识到，知识产权是无形的，不保护是不行的。

于是，各国开始纷纷制定法律加以保护，但法律多了难免打架，遇到个跨国剽窃更不好使。

于是乎，1970 年 4 月 26 日《建立世界知识产权组织公约》生效，世界知识产权组织（WIPCO）应运而生。

敲黑板、划重点啦！！！

1980 年 6 月 3 日，中国加入世界知识产权组织，成为第 90 个成员国。1999 年，中国和阿尔及利亚共同提出建立“世界知识产权日”的提案。

关键是：提！案！被！采！纳！了！

从 2001 年起，4 月 26 日就成为“世界知识产权日”。以后再有人说咱保护意识落后就用这个怼回去。

妥妥造成 100000 点的暴击

但较真起来，我国知识产权保护的真正发展还是新中国成立后。特别是：

- 1980 年加入世界知识产权组织后，1982 年，《中华人民共和国商标法》颁布；
- 1984 年，《中华人民共和国专利法》颁布；
- 1990 年，《中华人民共和国著作权法》颁布；
- 1993 年，《中华人民共和国反不正当竞争法》颁布；

……

到 20 世纪 90 年代，我国知识产权保护制度初步形成。

但话说回来，咱们存在的问题还真不少。“全庸·著”看过吧？5 元党当过吧？盗版软件用过吧？

你默默点头的样子出卖了你的……年龄和“犯罪事实”。当然，还有幽默逗趣和大无畏精神的众多“山寨”……

其实，“山寨”除了奇葩，最大的共同点就是都能对“正主儿”造成巨大危害。

猜猜我是谁？傻傻不清楚！

新世纪新气象，国家对知识产权保护动真格啦：

- 2008 年，《国家知识产权战略纲要》颁布；
- 2014 年，《关于在北上广设立知识产权法院的决定》通过；
- 2015 年，《国务院关于新形势下加快知识产权强国建设的若干意见》印发；
- 2016 年底，《“十三五”国家知识产权保护和运用规划》印发；
- 2018 年，《中华人民共和国电子商务法》通过；

……

至此，我国已形成以专利法、商标法、著作权法为核心，符合国际规则的知识产权法律规范体系，知识产权大国地位确立。知识产权就像大棚蔬菜，只有保护得好才能生长得好。

- 2007 年至 2017 年，我国国内有效发明专利拥有量从 9.6 万件增长至 136.6 万件；
- 年度 PCT 国际专利申请受理量从 0.55 万件增长至 5.1 万件，跃居世界第二；
- 有效注册商标总量从 235.3 万件增长至 1492 万件；
- 著作权年登记量从 15.85 万件增长至 274.77 万件。

截至 2021 年底，我国发明专利有效量为 359.7 万件，有效商标注册量为 3724.0 万件。

2021 年，受理 PCT 国际专利申请 7.3 万件。

2021 年，全国著作权登记总量达 6264378 件。

21 世纪啥最牛？互联网呗！

互联网对知识产权保护的贡献巨大，提供了基础技术条件，加快了国民版权意识，加速了整个行业发展。

但是！

互联网也是把“双刃剑”，带来便利性的同时，也带来更多不确定性。

网络如同三千烦恼丝。

知识产权保护的纠纷越来越多，难度越来越大，侵权形式也五花八门。《加勒比海盗 5》在上映前就不幸“中招”，片源失窃，索尼被勒索，船长输给了黑客。

网络环境下知识产权保护到底难在哪儿？简单说来有以下几点。

1. 知识产权无形性特征更加明显

网络空间里，知识产权的载体是数字信息，无形无质倏忽万里，下完即删无踪无迹，保护起来当然有难度。

2. 知识产权地域性特征受到冲击

网络空间里，知识成果可以分分钟满世界传播，被不同法律环境下的主体搞来用。

侵权行为咋界定？执法主体咋明确？根本就不灵啊！

微博、微信、淘宝这些社交电商平台都可能成为侵权案件的高发平台。

智能手机，侵权利器！？

3. 知识产权专有性特征受到挑战

信息一旦上网，就意味着公开、公知、公取，想要维权都不知道告谁。

4. 知识产权既有法定程序受到质疑

网络技术周期很短，一般只有 2.5 年，而传统专利申请周期要 3 年！

君生我未生，我生君已老。
侵权无节操，维权怎么搞？

翻译成普通话就是：“你还没授权，我已经玩儿完。”

网络环境下的知识产权保护，可谓困难重重。要问到底怎么办？还得大家齐心协力一起干！

2019年1月28日，在全国政协主席汪洋主持下，围绕“网络环境下知识产权保护”主题，12位委员和国家相关部委负责人齐聚一堂，为迎接我们知识产权强国的春天而出谋划策。

想要了解关于知识产权保护的更多知识，就快去关注这场会议吧！

2019年1月28日，全国政协围绕“网络环境下的知识产权保护”召开双周协商座谈会。12位委员和专家围绕网络环境下知识产权保护的顶层设计、法治保障、企业责任、人才培养和国际合作等建言资政。

适应新技术、新产业不断涌现的形势，抓紧对网络环境下知识产权的政策取向、制度设计和政策措施进行整体设计。

完善相关法律法规，统筹推进著作权法、专利法、商标法等修订工作，研究制定符合知识产权审判规律的特别程序法，适时修订反不正当竞争法、反垄断法等。

鼓励构建政企合作的互联网平台自治机制，充分利用大数据、云计算、人工智能、区块链等现代信息技术手段，加强对侵权行为的在线识别、实时监测、源头追溯以及证据采集固定等，注意将业界成功技术和规则上升为行业标准。

强化行政执法力度，落实侵权惩罚性赔偿制度，完善行政执法与刑事司法衔接机制，推进行政处罚案件信息公开，震慑违法者、规范执法者、教育经营者。

扩大国际交流与合作，积极参与知识产权国际规则制订，完善跨境司法协作安排，提升网络空间知识产权保护国际话语权。

加强高校知识产权学科建设，建立知识产权保护人才库，打造专业化、正规化、国际化的知识产权队伍。

强化宣传教育，把网络环境下知识产权保护纳入国家普法教育内容，进一步提高全民守法意识。

扫码读原文

道路千万条，啥是第一条？

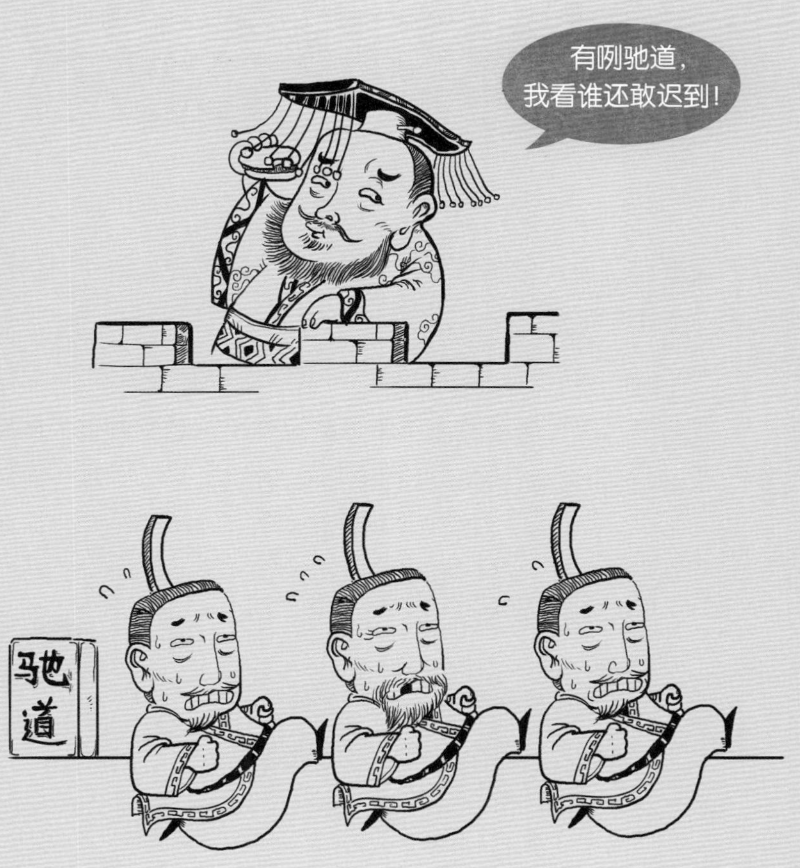

道路千万条，安全第一条。

行车不规范，亲人两行泪。

随着“交通安全教育片”《流浪地球》票房达到 44 亿元，这条“魔性”安全提示语迅速成为“网红”。

影片中，担负着拯救人类命运的运输小队遇到的最大问题是：500 年后，被冻住的地球表面几乎没有路。

地球冰封路不见，一夜回到解放前。

任你马力再强悍，无路可走空嗟叹。

世上本没有路，走的~~车~~人多了，也便成了路。

500 年后的未来尚且如此，对于古代的人类来说，路更是有着举足轻重的地位。今儿咱们就聊聊“路”的前世今生。

话说很久以前，史上著名的修路个体户愚公，嫌家门口两座大山碍事儿，赶集挑水都得绕圈圈。

其实，“愚公移山”并不是修路故事的起点。早在 100 多万年前，元谋人为了吃饱饭，就用脚踩出了最早的路。

后来，人类始祖黄帝觉得走道儿太累……

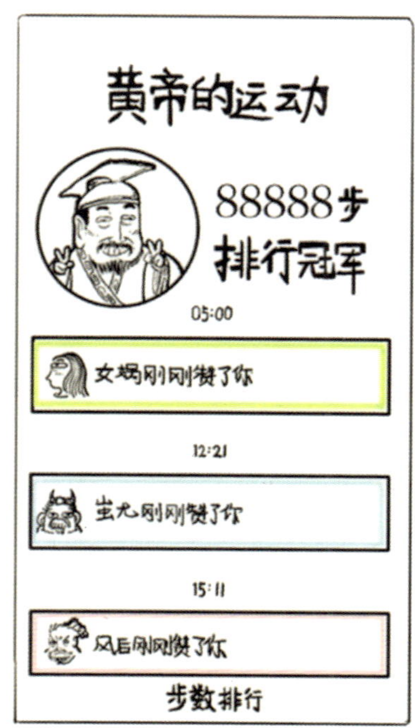

于是便造了辆世界上最早的车——独轮儿小推车。

有了车之后，道路成了刚需。加上国家治理的需要，一大堆名人加入修路大业中来。

周武王姬发在镐京洛邑之间修了条“周道”，平坦似镜，笔直如箭，走路 piapia 带风。

基建狂人始皇帝嬴政是个时间控，最讨厌别人开会迟到。于是在自家门口修了好几条“高速路”——驰道（迟到？不知道始皇帝咋想的）

到了汉武帝刘彻这儿，直接把小弟张骞派去西域，硬是闯出了一条“丝绸之路”。

确实，要想充分发挥作用，路首先必须够长够远才行。

来看看咱中国的数据：到 2017 年底，公路总里程已近 500 万千米。其中，农村公路就有 400 多万千米，能绕地球 100 多圈。

系上金腰带，腰好跑得快

农村公路居然有这么长？

长还不够，还要好；光好还不够，还要“四好”！就是建好、管好、护好、运营好农村公路，简称“四好农村路”。这是习近平总书记 2014 年提出的，还上了中央一号文件！

截至 2022 年，我国公路总里程已达 528 万公里，农村公路总里程达到 446 万公里。

交通运输部为此立下军令状。到 2020 年实现：

样样拿满分，才是真的好。

不过，想考 100 分还有不少难度。都有哪些难度？简单说几个：

1. 法律法规不健全

啥是农村公路？村道谁来管？路坏了谁修？这些都需要法律法规作出明确规定。

2. 建设需求仍然很大

城里套路深，我要回农村。
农村好多山，交通好扎心。

3. 管理养护问题突出

由于养护经费不足，“重建轻养”“以建代养”“弃养待建”现象严重，只有 1/50 的农村路有机会翻新。跟城市道路一比，那真是——路比路，气死路。

4. 物流网点建设需加强

村里没有物流网点，快递愣是送不到。

总之一句话："四好农村路"其修远兮，任重而道远。

重点来了！

2019 年 3 月底，全国政协举行的远程协商会专门围绕如何建好"四好农村路"建言资政。

如果你对"四好农村路"建设还有什么问题，快去关注会议，没准它解答了你的问题！

2019 年 3 月 29 日，全国政协围绕“四好农村路”召开网络议政远程协商会。13 位委员在全国政协机关和福建、河南、四川、青海等 5 个会场以及通过手机连线方式发了言，300 多位委员通过移动履职平台发表意见。

改革开放以来特别是党的十八大以来，我国农村公路建设取得举世瞩目的成就，因此更应落实高质量发展的要求，克服重建设、轻管养等突出矛盾，加快从注重规模速度向注重质量效益转变。

加强顶层设计，搞好统筹规划，促进农村公路发展与脱贫攻坚、产业培育、新型城镇化、乡村振兴等有机衔接。及时修订公路法，为农村公路发展提供法治保障。

严格落实《农村公路建设质量管理办法》，加强施工质量监管，坚决守住质量和安全底线。深化养护管理体制改革，明确县乡村三级管理责任，推广“路长制”，探索政府、社会力量、农民群众多元化养护模式。

拓宽农村公路发展资金筹集渠道，构建公开透明的新型补贴政策体系和考核奖励办法。把好项目筛选关、建设验收关、资金拨付关，提高资金使用效益，防止“跑冒滴漏”。

落实绿色发展理念，强化自然保护区交通项目的生态影响专项评估。推进“村村通客车”工程，构建覆盖县乡村三级物流网络。

扫码读原文

“预告骗”，到底犯啥法了？

这个五一小长假，“漫威粉”们心心念念的《复联 4》不负众望，创造了最短时间突破 20 亿元票房的纪录。

归来吧，归来哟，浪迹宇宙的游子

看过预告片，和正片咋不一样呢？我是不是看了假的预告片？

导演乔·罗素早说了：为防剧透，网上那些《复联 4》预告里的镜头都是假的，不会在正片里出现。

罗素的嘴，骗人的鬼。预告片搞成了“预告骗”也是没办法。

未经著作权人同意传播未播作品或影视剧本的，可是要承担相应民事责任的。而这类“剧透行为”，如果是以营利为目的且获利 2 万元以上或点击 5 万次以上，可以被直接认定成侵犯著作权的罪名，将面临刑事责任。

吓！剧透党的末日审判啊！
为了防止大家在不经意间“犯罪”，今儿咱们就来聊聊著作权法的那些事儿。

啥是著作权？著作权的小名儿叫版权（COPYRIGHT），也就是作品的复制权。

听着挺高冷，但它的英文名字暴露了它的内心：COPYRIGHT告诉我们，有没有著作权，其实就决定了能不能复制作品。

看到这儿，有人就要问了，不就是一个复制粘贴的事儿吗？整这么复杂干啥？其实不然。

由于以前印刷术不普及，附随于著作物最重要的权利莫过于印刷出版之权。比如，我国汉代以前，文字都刻在竹简上，想复制很困难，也就无所谓盗版。

五车书的字儿虽然连 1M 都不到，但真重、真费钱啊！

随着社会发展科技进步，特别是纸张和印刷术的发明，才让盗版有了可乘之机。

与此同时，著作的种类也在逐渐增加。

世界上第一部版权法《安娜女王法令》除了保护出版者权利之外，也开始保护作者的权利。

法国 1791 年和 1793 年先后颁布《表演权法》和《作者权法》，著作权还包括了作者的表演权利和精神权利。

于是，“版权”一词已经不能涵盖所有著作物相关权利内容。19 世纪后半叶，日本制定了《日本著作权法》，首次采用了“著作权”这一称呼。

我国第一次出现“著作权”表述是在 1910 年颁布的《大清著作权律》。

80 年后，中华人民共和国制定了新中国第一部著作权法。按照法律规定，中国公民、法人或者其他组织的作品，不论是否发表，依照本法享有著作权。

新中国成立后，我国接连出大招：

- 1990 年颁布《中华人民共和国著作权法》；
- 1992 年加入《伯尔尼公约》《世界版权公约》《保护录音制品制作者防止未经许可复制其制品公约》；
- 2001 年《与贸易有关的知识产权约定》对我国生效。

可以说，一系列法律法规和公约极大地震慑和打击了那些靠盗版牟利的贼。

老孔躲一边去。创作作品的是读书人，盗窃别人作品的跟读书人有毛关系？

2001 年、2010 年，著作权法经过了两次修改，这两次修改都与加入 WTO 有关，基本上是被动地、局部地改。

一句话：不得不改。

2020 年 11 月 11 日，《全国人民代表大会常务委员会关于修改〈中华人民共和国著作权法〉的决定》由中华人民共和国第十三届全国人民代表大会常务委员会第二十三次会议通过，自 2021 年 6 月 1 日起施行。

为啥不好改?

说白了，既要保护著作人合法权益，又要便于群众使用作品，这难度不亚于处理婆媳关系，是个技术活儿。

著作权法的作用在于既要保护著作权人合法权益，又要便于吃瓜群众使用作品。大家立场不同，当然就有争议。

目前各方对于修订草案的争议主要集中在三个方面：

1. 法定许可

所谓法定许可是指使用者在法律规定的情况下可以不经著作权人的许可即使用其作品，但是必须支付报酬。

比如草案中规定：录音制品首次出版3个月后，满足第四十八条规定条件下，他人可以使用其音乐作品制作录音制品。

2. 避风港原则

也就是说，提供纯技术服务的网络服务商不承担审查责任，也不承担与著作权或相关权有关的信息审查义务。

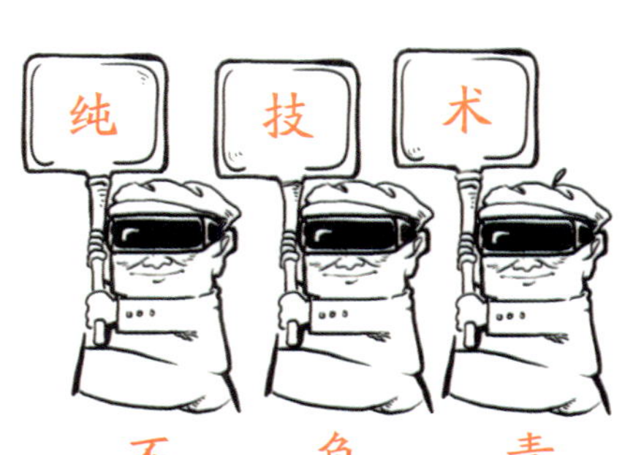

网络传播是目前侵权的主要手段，如果网络服务商不负责任……

3. 集体管理

按照草案规定，即使权利人没有加入著作权集体管理组织，集体管理组织也可以代表权利人行使权利。使用者只要向著作权集体管理组织支付了报酬，就不必承担赔偿责任。

也就是说，组织替你收钱了，你就不能再向使用者进行索赔。

争议这么多，确实很难修订，但该改还是要改，而且修订草案里还是有不少积极成果。

简单说一下：

权利客体、权利内容、权利归属、权利保护期都有修改。

体系更科学——17 项权利整合为 13 项。取消了修改权、放映权、摄制权、汇编权，广播权修改为播放权；

提高了侵权罚款额——由非法经营的 3 倍提高到 5 倍；

增加了执法手段——管理部门有了查封扣押权。

为了形成更多共识，2019 年 5 月上旬，全国政协就著作权法的修订召开了双周协商座谈会，委员、专家们专门研究这个事儿。

小伙伴们对著作权保护还有啥想知道的，就快去关注会议吧！

2019 年 5 月 13 日，全国政协围绕“著作权法的修订”召开双周协商座谈会。12 位委员、学者围绕著作权法修订的目标定位、价值取向、制度完善等建言资政。160 多位委员在全国政协委员移动履职平台上踊跃发言。

著作权法涉及主体众多、利益关系复杂，要坚持立足中国实际与借鉴国际通行做法相结合，把握好立法速度与立法质量的平衡，妥善处理好创作者、传播者和使用者之间的利益关系。要坚持问题导向，建立著作权自愿登记制度、完善著作权限制制度、探索合理使用制度、改革著作权集体管理制度等，更好适应经济、社会、文化发展和技术进步需要，适应互联网开放、共享、协作的时代要求，以良法促进善治。

加大对侵权行为的惩处力度，建立惩罚性赔偿制度，切实解决违法成本低、维护权益成本高等问题。

限制著作权保护滥用行为，破除各种形式的版权垄断，促进精神文化产品的有效传播，维护社会和公众利益。

跟踪和研究全球著作权保护发展动态，认真履行已加入的国际著作权条约，加强著作权保护国际合作，从国际规则的适应者和遵循者向参与者、建设者转变。

会议现场，司法部负责人介绍了有关情况，中央宣传部、最高人民法院负责人也在现场与专家委员作了交流互动。

扫码读原文

创新驱动发展，
谁来驱动创新？

最近有张照片赚足了地球人的眼球

给黑洞拍照可不像拍证件照那么容易，这些照相设备的科技含量可是杠杠的。

今儿咱们就捋一捋那些影响人类发展的发明创造，到底是怎么影响人类社会的。

说起人类发明，不得不提发明界的四大才子。

其实蔡伦只是在赫蹏（tí）或方絮造纸的基础上改进了造纸术，属于技术改进型。

毕昇的发明把雕版印刷甩出几条街，把德国的活字印刷甩出 400 年。

那火药和指南针是谁发明的？
这个……还真不好说。关于火药，一个传说是炼丹术士发明的……

而另一个传说是著名的陶朱公范蠡发明的。

指南针是谁发明的也没有定论，一个比较传统的说法是轩辕黄帝。

不管具体是谁发明的，不可否认的是四大发明极大地促进了人类社会的发展进步，特别是成吉思汗的蒙古铁骑传到欧洲之后……

自此，生产力得到极大解放的欧洲人开始纷纷“下海”奔小康。

殖民主义与自由贸易主义开始抬头，欧洲资本主义快速发展。

ROUND 1　第一次工业革命

18 世纪 60 年代，“日不落”帝国子民天天想着外出务工，家里纺织工人都难找。寂寞难耐的棉纺织小能手哈格里夫斯发明了“珍妮纺织机”，让纺织效率提高了 8 倍，从此技术发明按下快进键。

机器的发明固然能提高效率，但如果仍依靠人力或畜力驱动就差强人意了。下面就要请出苏格兰动力大神登场了。

不是 WHAT，是 WATT，一个改良了蒸汽机的金牌维修工瓦特。

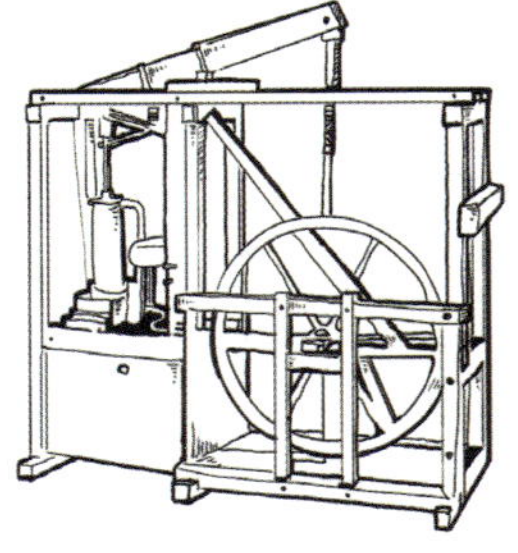

1785 年，瓦特蒸汽机投入使用。从此，工厂取代了手工作坊，机器代替了手工劳动，英国也很“蒸汽”地成为世界霸主。

蒸汽朋克

当时的清王朝闭关锁国做着美梦，完美错过第一次工业革命。

ROUND 2　第二次工业革命

大清无视奇技淫巧，大英这边风景独好。
科技创新是个法宝，小国岂肯伏低做小？

1866 年，德国西门子发明第一台直流发电机。随后，电力家族快速繁衍壮大。

1876 年，德国发明家奥托制造出第一台四冲程内燃机，打开了石油的潘多拉魔盒。

这是要欺师灭祖吗?
哈哈,误会……此 OTTO 非彼 AUTO……

国外都有内燃机了,而当时的大清却是“内燃急”——千古未见的大旱灾让大清王朝的老百姓活命都成问题,更不要提什么第二次工业革命了。

ROUND 3 第三次工业革命

“二战”期间,被德国打蒙了的盟军玩命开发新武器,远离主战场的美国,一不小心成为制造大杀器的主角——1945年,成功试爆了世界上第一颗原子弹。

1946 年 2 月 14 日情人节，世界上第一台通用计算机在美国诞生，信息时代正式来临。(似乎赋予了情人节更多的意义和可能……)

凭借祖上攒的丰厚家底，美国科技创新一路领跑。

新中国也意识到科技创新的重要性，开始励精图治，猛追直上。

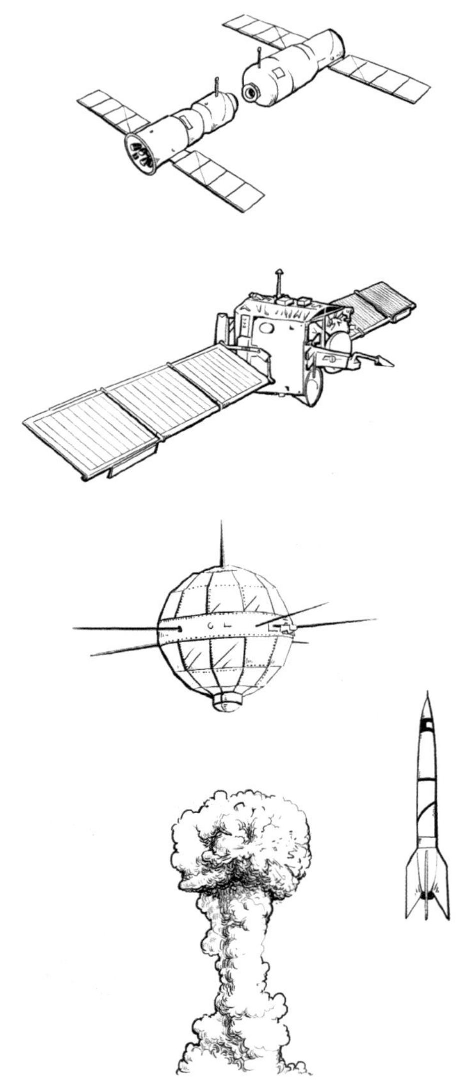

- “两弹一星”
- “神舟五号”
- “嫦娥工程”
- “悟空”号暗物质探测卫星
- “墨子”号量子通信卫星
- 天眼
- 造岛神器
- 5G

……

这些都是咱们的“大国重器”啊！

有了重器，才有底气。咱们才能面带微笑迎接第四次工业革命。

自信的小步伐走起来！

先看个数据：2018 年我国 R&D 经费支出超过欧盟 15 国平均水平，研发人员总量居世界第一，发明专利申请量和授权量居世界首位……

不过，想要笑傲江湖，困难依然不小。

1. 知识产权保护体系不完整

科研人员好不容易有了成果，结果轻易被侵权。

2. 基础科研短板突出

我国的基础研究经费占比充其量也就是发达国家的 1/3。一句话：钱少，不好使！

3. 人才培养评价体系需完善

好不容易进来优秀人才，又要让他们和论文死磕。论文猫能逮住老鼠?

4. 科技成果转化率不高

科研人员闷头搞研发，企业一看咱俩不太搭。

别急！2019 年 5 月 14 日，全国政协召开了“创新驱动发展”专题协商会，委员、专家等一众大咖云集，专门研究这事儿。

走过路过不要错过，您有啥不懂的想问的，赶紧去关注会议，没准大咖们已经给出了答案！

2019 年 5 月 14 日，全国政协围绕“创新驱动发展”召开专题协商会。本次专题协商会有 257 位全国政协委员参加，79 位院士委员分别作了大会发言和分组发言，另外还有 100 多位委员通过移动履职平台和参加分组讨论提出了意见建议。

党的十八大以来，我国实施创新驱动发展战略取得了显著的成绩，但我国依然存在科技管理机制不完善、基础研究薄弱、关键核心技术受制于人等突出问题。因此，委员们建议，要进一步强化基础研究，对长周期的原创性研究给予长期稳定的支持，努力实现更多“从 0 到 1”的原创性突破。

改革重大科技项目管理方式，创新人才培养、管理和评价机制，破除唯论文、唯职称、唯学历、唯帽子的弊病，给予科研单位和人员更多自主权。

坚持企业的创新主体地位，支持龙头骨干企业牵头组织重大技术创新项目，完善科技型小微企业税收、融资等激励政策，加大知识产权保护力度。

支持中西部地区创新能力建设，实现区域创新协调发展。

坚持军民融合发展，加强军地技术人才交流互动，促进军地科技成果共享和转化应用。

鼓励各种形式的国际创新合作，更好吸纳利用全球创新资源。

扫码读原文

人工河，
好“生”不好“养”？

年年逢端午，常忆屈大夫。
却叹小长假，当思出行苦。

每年假期最挠头的恐怕就是出行了。这要搁古代岂不是寸步难行？与其路上颠得散架，不如乘船顺流而下。话说我国古代水路河运可是很发达滴，载人运粮两不误。

今天咱们就掰扯掰扯人造河——大运河那些事儿。

说起大运河，不得不提吴王夫差。

人如其名——此夫人品很差：为人霸道，作践对手，还欺压兄弟小齐（齐国）。

但是，人品差的人也有干好事的时候，比如中国运河“第一锹”的开挖者就是他。

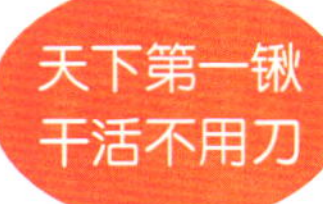

挖运河？图什么？

兵马未动，粮草先行。所以古代历来重视漕运，没有天然河道，那就动手挖喽。

这条运河就叫邗沟，运河边上的邗城就是现在的扬州。夫差后来正是靠着邗沟一路北上，在今天的山东泰安完虐齐国。

在夫差挖邗沟前 100 多年，世界另一头的埃及法老也想挖运河，可惜最后因为一句鬼话（神谕），工程烂尾了。

既然运河这么好，历朝历代都想搞，于是乎搞了300多年，大河小道散布大半个中国。

基建狂魔隋炀帝喜欢搬新家。丢下老爹打下的都城不要，却跑去洛阳，发动几百万民工从洛阳挖运河，一撇通往大北京，一捺直达江浙沪。传说中的隋朝大运河就这么诞生了！

广哥修运河不仅方便了自己泡妞（开玩笑），还修成了贯通中国南北的大通道，与夫差一样属于天生人品差，办事开了挂，可谓利国利民。

到了唐朝，科举赶考的士子也都为运河打 call，留下无数优美诗篇，加上丰富的沿河风物，形成了独特的运河文化。

张继发了条朋友圈

今夜无眠，作诗一首，月落乌啼霜满天……

定位：大运河 * 专属夜船

白居易：西自黄河东至淮，
绿阴一千三百里。

李　益：汴水东流无限春，
隋家宫阙已成尘。

皮日休：尽道隋亡为此河，
至今千里赖通波。

运河还极大地促进了沿线商品农业经济的发展。宋朝画家张择端的《清明上河图》便是大运河通济渠段（汴河）当时的写真。

到了公元 1271 年，元世祖忽必烈定都北京，但心里却老惦记着江南的花花世界，便下令开挖北京直达杭州的运河。

至此，总长 1700 多公里、流经 6 省市的京杭大运河正式形成。马可·波罗就曾对大运河赞叹不已。

所谓好生不好养，运河虽好，但时不时会断了堵了，就成了历代皇帝的糟心事儿——修运河，得一大笔费用啊。

保证运河畅通，能够加强中央对地方的控制，稳定封建王朝的统治，称之为“国运”倒也不为过。

说起来中国大运河总共 2500 多年历史，包括隋唐运河、京杭运河和浙东运河在内，全长 3200 公里，构成了中国古代南北交通大动脉。

哇，总长度比世界其他九大运河加起来都还要长……

不过，1911 年津浦铁路通车，海运开禁，交通工具多了，运河也就风光不再，逐渐失宠。

大运河如今没人稀罕了?

当然不是，恰恰相反：2014 年 6 月 22 日，中国大运河就被列入《世界遗产名录》，比原来更吃香了。

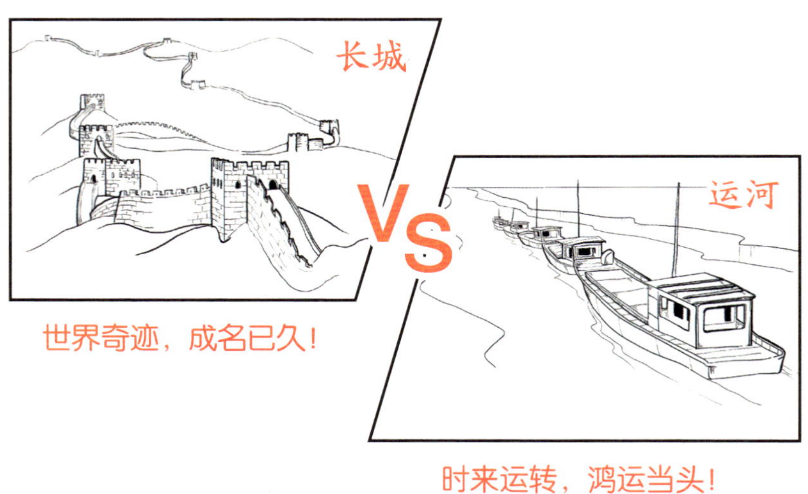

更吃香的是千百年来形成的运河文化。这些年咱国家在大运河文化带建设上也花了很多心思。比如 2019 年 2 月，还专门印发了《大运河文化保护传承利用规划纲要》。

1. 缺乏统一立法

国外大多制定了运河法来统一保护，如 1912 年的《巴拿马运河法》，而我们目前只有条例等地方性法规。大运河文化带横跨这么多省，没个统一的法律监管能不混乱吗?

2. 家底不清

运河具体有哪些知道不？流经哪些省知道不？“申遗”成功的是哪条知道不？啥也不知道，咋管？

3. 只用不养

运河自净能力本来就很弱，很多沿线城市发展经济又把运河污染了，谁负责？

2019 年 5 月 24 日，全国政协举行了双周协商座谈会，围绕推进大运河文化带建设建言资政，一起听听委员专家和相关部门有啥好点子。

2019年5月24日，全国政协围绕“推进大运河文化带建设”召开双周协商座谈会。12位委员、专家学者围绕大运河绿色生态廊道建设、沿线地区古镇古村保护、文化与旅游融合、促进运河文明中外交流等建言资政，98位委员在全国政协委员移动履职平台上踊跃发言。

2014年大运河列入《世界遗产名录》，今年中办、国办又印发《大运河文化保护传承利用规划纲要》，全社会文物保护和生态保护的意识空前提高，大运河文化保护传承利用迎来历史最好时期。同时，大运河保护传承中传承利用质量不高、生态空间挤占严重、统筹协调力度不足等问题依然突出。为此，委员建议，要妥善处理好保护、传承和利用的关系。

坚持以文化为主线和灵魂，首要任务是做好历史文化遗产的抢救、发掘、保护和展示，最大限度地保持文化遗产真实性、完整性和延续性，促进文化与旅游深入融合。

坚持以水为命脉和基础，推进大运河河道水系治理管护，通过跨区域调水实现主河道全线有水和生态改善，让大运河的血脉“活”起来。

坚持以人为中心，旅游开发、特色村镇建设应始终把群众利益放在首位，充分尊重原住民的意愿。

加强统筹协调，构建高效务实的工作机制和沿线群众广泛参与的长效机制，尽快开展《大运河文化保护传承利用规划纲要》的学习培训，尽快形成齐抓共管、社会协同的工作格局。要研究制定大运河保护条例，推动完善地方立法，为大运河保护传承利用奠定永续发展的法治基础。要加强中外运河文明交流互鉴，面向世界讲好当代运河治理保护的中国故事。

扫码读原文

我能想到最浪漫的事，
就是能踏踏实实养老

朕咋感觉气氛有
点不对劲儿捏?

俗话说：家有一老，如有一宝。社会好不好，得看咋养老。

2019 年 5 月 24 日，民政部、国家卫生健康委、应急管理部、国家市场监管总局，四部门联合部署 2019 全国养老院服务质量建设专项行动，力争年底全面清除养老机构已排查出的重大风险隐患。

这年头，养老院安全与否姑且不论。单说这一床难求的状况，就比得上车牌摇号了。

别看现在蹦得欢，一想到老腿就酸。

年轻那会儿脚一抬就能
过头，现在老咧，鞋能
上去，脚上不去了

不过现在的老人晚年生活可是比以前幸福多了。

人老心不老，旅游到处跑。
夜来广场舞，购物知多少。

活在新时代，轻松加愉快。话说要搁以前，都咋养老？

既然变老不可避免，今儿咱们就唠唠养老那些事儿。

在我国古代，养老其实是一种礼敬老人的仪式。周朝时期，每年阳春二月，周天子都会宴请德高望重的老年优秀代表，肉管饱，酒管够，养老礼搞得比婚礼还隆重。

春秋后期世道太乱。

于是，一大批思想家们纷纷开展了一系列论证工作，最终得出结论——善养老而天下安。

经过各位圣贤埋头苦干几千年，特别是汉代儒家思想被御定之后，尊老敬老成为社会普遍认同、遵守的价值观，并采取了一系列有效措施，比如：

对于“鳏寡孤独”和 80 岁以上老人每月提供布帛米面以保障生活；

设立“三老”“五更”等专由 70 岁以上老人担任的荣誉岗位；

免除全家徭役（对，你没看错，不是一个人，而是全家）；

国家出资建设养老机构孤独园，完全免费；

一定条件下还可以豁免罪责。

乾隆

家有一老如有一宝，这话一点不假。

老人安则家庭安，家庭安则社稷稳，重视养老也是封建社会维持稳定的一大法宝。

新中国成立以来，我国对养老的重视是有增无减，出台了N多条例保障养老。

一句话：制度越来越规范，机构越来越多，服务越来越好。

不过，机构再多也架不住人多。目前，我国60岁以上的老人将近2.5亿人，养老压力山大。到2050年，预计老年人口将达到恐怖的4.87亿，相当于3个人中就有一个老人。

三人行，必有我师太

其实，判断一个国家是否进入老龄化社会，有一个简单的标准：6010657。就是说 60 岁以上人口占比达到 10% 或 65 岁以上人口占比达到 7%。按这个标准，我国早已进入老龄化社会，并朝着深度老龄化快速前进。

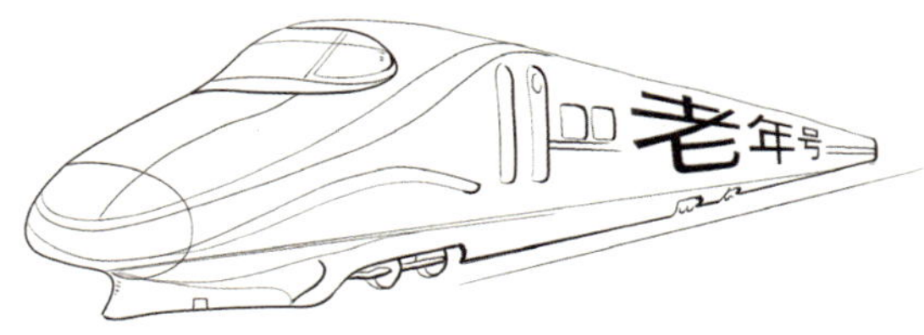

老龄化速度快不可怕，可怕的是养老服务跟不上：

截至 2021 年底我国 60 岁及以上老年人达到 2.67 亿。

1. 养老服务总体短缺，城市农村都难

城里人想进个花钱少、服务好的养老院，排队排到你怀疑人生。农村更糟心，养老院没几个，矮子里面挑高个。

2. 政府兜底保障不足

现在相关补贴制度还没全覆盖，缺乏明确规范的基本养老服务项目和保障标准，老百姓心里没底儿。

3. 服务质量不高

服务设施安全不达标，服务队伍素质总体不高，基本养老保险收入不高，社会保障水平不高，老年人购买服务能力不高……

渴望变高

这事儿听上去难办的很哪！

事儿再难，咱也得办。

这不，全国政协在 2019 年 6 月上旬召开了双周协商座谈会，专门就“构建居家社会机构‘三位一体’的养老服务体系”建言资政。

大家都会变老，如果你也担心自己的养老问题，就快快去关注会议，听听委员专家和相关部门有啥好点子吧！

2019 年 6 月 14 日，全国政协围绕“构建居家社区机构‘三位一体’的养老服务体系”召开双周协商座谈会。11 位委员和 1 位养老服务机构代表围绕推动养老服务融合发展、支持养老服务机构发展、创新乡村养老模式、推进医养结合、加强专业队伍建设等建言资政。119 位委员在全国政协委员移动履职平台上踊跃发言。

委员们认为，随着人口老龄化快速发展和养老服务需求不断提高，我国养老服务面临前所未有的挑战。为此，要加快推进养老服务立法，界定政府、个人、家庭、养老服务机构等主体的地位、责任、权利和义务，健全法规、政策、标准相衔接的养老服务法治体系。

弘扬“孝亲敬老”传统美德，教育引导人们自觉承担赡养老人的责任，巩固居家养老的基础地位。

整合社区服务资源，广泛设立嵌入式社区养老机构，强化政策支撑，进一步发挥社区在养老中的依托作用。

做深做实医养结合，健全医疗保险机制，扩大长期护理保险试点。

充分发挥市场配置养老资源的决定性作用，鼓励社会力量发展养老服务，有效解决民营养老机构各种政策障碍和经营困难，加快推进公办养老机构转制为企业或开展公建民营，满足老年人多样化服务需求。

加快农村养老保障和服务体系建设，大力发展农村互助式养老设施，打造农村集中供养新模式。

加强养老服务人才培养培训，制定养老护理技能等级认定标准，提高养老服务从业人员职业荣誉和社会地位。

扫码读原文

创意无节制，才能可劲造
——关于制造，你造多少？

曾经苹果三星遍地跑，

如今人人都说华为好。

一句话：中国制造，值得骄傲！今儿咱们就来聊一聊——制造。

从石器时代到智能时代，可以说，整个人类文明，都是造出来的。

制造工具，是“猿人”转职进阶为“人”的必要技能。

不造不知道，一造吓一跳。经过数万年的制造，整个地球换了模样。

2万年前，在今天北京西南山区，一双毛还没褪干净的手，拿起刚刚打磨好的石器，彻底完成从“猿人”到“人”的转变，开启了文明的大门。

这个曾经造出仅有 1 毫米厚陶器的制造小能手重华，就是后人尊称的“~~制造~~舜帝”。

随着制造技能不断升级，人类又造出了更结实耐用的生产器具。

为了普及制造知识，制造大咖们还写了不少“技能书”。

上至大型武器，下至小型器具，制造业满足着人类社会生产生活的所有需求。

马镫、纸张、炒锅、折叠伞……这些中国人习以为常的物品，在其他国家都是高端货、奢侈品。

但是……在儒家思想影响下，士农工商，除了读书走仕途，整个国家“你农我农”，以农为主，“工”一直处于不尴不尬的“小三儿”地位，最后被经历了两次工业革命的西方彻底反超。

1913 年，美国企业家亨利·福特发明了流水线，西方由“工厂时代”步入“摩登时代”。

人家都有流水线了，咱们那时候还只知道流水席吧？

No no no! 近代以来国人知耻而后勇，当时的实业家们内心如同滚筒洗衣机一般翻江倒海，纷纷出招，搞了“洋务运动”和“实业救国”。

晚清三大“制造帝”

张謇

创办中国第一所纺织学校

荣德生

面粉大王、棉纱大王

荣宗敬

面粉大王、棉纱大王

虽然已经有了觉悟，却因为武大郎跳高——起点太低，到了民国依然起色不大。

别着急！新中国成立后，我们意识到了制造业的重要性。短短几年间，第一架飞机、第一辆卡车、第一台拖拉机……工业体系逐渐成形。

改革开放以后，中国制造业迎来了新的春天。2001 年，继英国、美国和日本之后，咱们首次获称“世界工厂”。截至 2018 年，全球 500 余种主要制造业产品中，我国有 220 多种产量都是世界第一。

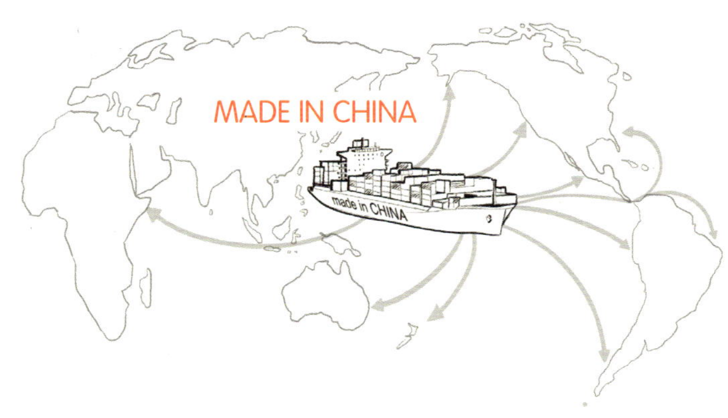

但总的来说，我国制造业大而不强，还处在全球价值链中低端。

低端就要受制于人，而且咱们“补课”的时候，发达国家也没闲着，利用第三次工业革命搞出了许多新名堂。

2000年，以集成电路为基础的电子信息产业击败汽车产业成为世界第一大产业。

机器人站上生产线，工人变身“程序猿”，自动化工厂 24 小时连轴转。

最软、最硬、最耐磨、最导热……各种性能极端新材料层出不穷，不占个极端都不好意思跟人打招呼。

此外，美国公布《国家先进制造战略计划》，德国提出“工业制造 4.0”，日本发布 2020 机器人战略……总之，咱们忙活的时候，别人也没休息。

哎，这差距不会边飞边上厕所——越拉越远吧？

差距就像内裤上的洞，用不着害羞，赶紧回家补补才是正理儿。

关键要知道~~洞~~差距在哪儿

1. 投入太高，产出太低

- 单位 GDP 能耗——高，工人人均产值——低；
- 废物排放——高，利润率——低。

这小账一算，心情就如同滚筒洗衣机一样翻江倒海啊！

2. 创新能力不足

科技创新能力仍然不强，“中国制造”就难以迈入“中国智造”的进阶之路。

3. 高端人才缺乏

- 新兴产业人才——缺；
- 跨学科人才——缺；
- 创新型人才——缺；
- 高技能人才——缺；

……

啥都缺，咋适应制造业高质量发展要求？

莫急！

2019 年 5 月 14 日，全国政协已经就“创新驱动发展”召开专题协商会，从创新方面为制造业支着儿。

6 月中旬，全国政协又召开了“推动制造业高质量发展”专题议政性常委会会议，委员、专家们齐聚一堂专门研究这个事儿。

想了解关于制造业发展方面的更多信息？快去关注会议吧！

2019 年 6 月 18 日下午，政协第十三届全国委员会常务委员会第七次会议举行大会发言。17 位全国政协常委围绕“推动制造业高质量发展”协商建言。

坚持以科技创新引领制造业高质量发展，加强制造业关键核心技术攻关。强化企业技术创新主体地位，推动产学研深度融合。

进一步扩大制造业对外开放，强化知识产权保护，营造公平、透明、法治的营商环境。保持宏观调控定力，优化创新生态，释放企业、科研人员活力。

营造制造业质量变革的制度环境。把整顿市场秩序、重建消费者信心作为深化供给侧结构性改革的重要内容，以市场为动力推动制造业高质量发展。坚持市场需求导向，提高企业智能制造的应用能力。

建立健全绿色技术研发推广体系，鼓励企业技术创新，依托产学研用、上中下游合作建立产业绿色创新联盟解决一批“卡脖子”技术难题，形成一批绿色制造关键核心装备。

加大财税金融支持力度。中央财政绿色制造专项资金集中支持传统产业绿色化改造，避免“撒芝麻盐”分散使用。

深化金融供给侧结构性改革，着力为企业提供覆盖全生命周期、满足全方位需求的金融服务。

加强全球产业链、价值链研究，搭建国际产能合作信息平台，共享重大项目库、大数据资源。发挥境外经贸合作区等海外投资平台优势。

扫码读原文

家风提神家教醒脑，
专治各种发育不好

一到父亲节，网上就疯传各种回忆父亲言传身教的文章。父爱如山，堪称家风家教的百科全书。

挨老爹一顿胖揍算家教吗？

这真是……
父爱如山……倒

打服了算家教，打残了……算家暴。

好有道理，我竟无法反驳！

今儿咱们就跟大家好好聊聊家风家教那些事儿。

格物致知，诚意正心，修身、齐家、治国、平天下，从齐家之前是个人修养，是“小修”。齐家之后，才是古人更加重视的“大修”。

所以家风家教历来受到中国古人的高度重视。

至圣先师孔子就非常重视家风。看见儿子孔鲤经过时，先问“学诗了吗？”再问“学礼了吗？”学诗学礼承旧业由此成为孔氏家风。

家教则是中国古代教育的重要组成部分，是家风得以延续的手段。

有文化的家庭还把家风的核心内容形成家训，如同一个家庭的“名片”。

没有名片，怎么好意思跟别人打招呼？

好的家风家教既是中华传统文化得以流传的载体，对于人的成长也有着重要作用。

据说孟子小时候很顽劣，净喜欢些乱七八糟的玩意儿。好在孟母信念坚定，极重家风家教，专治花里胡哨。

为了孩子有个好的学习环境，孟母搞了个“乔迁三连发”，不但如此，发现孟子不好好学习了还会及时作出警示。

比如子不学，断脊柱！

哦，不对。呵～呵呵～子不学，断机杼……
丈育了，丈育了（文盲）。

一套从环境到心境的家教组合拳下来，孟子从此告别顽劣，一心想要飞上天，和太阳肩并肩……最终成为名垂千古的一代亚圣。

孟母不愧是家教界的传奇，说得太好了。

最重要的是：言传不如身教。

曾子未因妻子戏言而失信于子，果断杀猪以身作则践行了诚实守信。加上“吾日三省吾身”，自此，省身守约成为曾氏绵延千年的家风。

第 68 代孙曾国藩秉持良好家风，十代之内人才济济，没有一个干坏事儿的。

岳飞饱受忠诚家风熏陶，不仅自己成为南宋名将，还培养了同样忠勇的儿子岳云等后人。

虽说棍棒出孝子，严教出名人，事实却也不尽然，好的家风家教未必是一味地严。比如梁启超就以极其宽容的态度带子女走好人生路，人称“超宽带”。

当时二女儿梁思庄在加拿大求学期间考试只得了 16 名，梁启超闻此“噩耗”非但没有批评，反而写了一封极有爱的信给女儿。因为太有爱，必须上原文：

“庄庄：成绩如此，我很满足了。因为你原是提高一年，和那按级递升的洋孩子们竞争，能在三十七人中考到第十六，真亏你了。好乖乖，不必着急，只需用相当努力便好了。”

不但对成绩没有要求，当梁启超得知女儿并不喜欢他建议的现代生物学专业时，急忙写信表示安慰。梁思庄遂改修图书馆学，最终成为我国著名的图书馆学家。

好有爱的父亲！可是不都说严是爱宽是害吗？

当然，“超宽带”大师不是一味地宽，他所留下的数百封写给子女的信中，既有满满的爱，也有很多充满幽默生动的道理，很容易被子女接受。看看他的九个子女的成就你就知道他有多牛了。

一门三院士，九子皆才俊

1948 年，梁思成、梁思永同时成为国立中央研究院的首届院士，梁思礼成为新中国中科院院士，除了这三位院士兄弟，其余子女也均是人中龙凤、一时人杰，且都品性纯良。

梁大师个人固然是大成者，但他对社会最大的贡献，是通过家教培养出了更多的社会精英。

家是最小国，国是最大家。

家风不只是一个家庭的事儿，直接影响着一个国家和社会的风气。家风不正，家教不严，就会滋生很多问题，影响社会风气。安检口撒泼的，抢着开公车的，高铁上堵门儿的，马路上碰瓷儿的……

这些人的丑陋言行，让老祖宗的棺材板都压不住了。

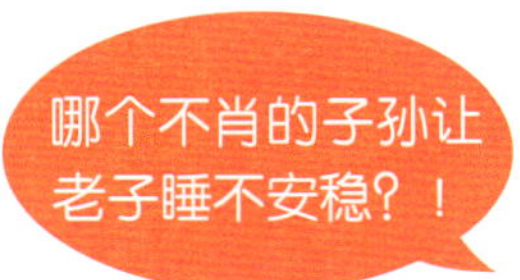

既然家风家教事关社会风气，国家就不能不管。

- 《关于深化家庭文明建设的意见》
- 《家长教育行为规范》
- 《全国家庭教育指导大纲》
- 《关于指导推进家庭教育的五年规划（2016—2020年）》

……

细数下来，这些年咱其实出台了不少政策法规。但是，家风家教最重要的还是要从家庭抓起。

怎么抓?

全国政协喊你来接受“家教”了!

2019年6月底，全国政协召开了“注重家庭家教家风建设”远程协商会。想知道怎么建设家风的，就快来听听委员专家和相关部门有啥好点子吧。

2019 年 6 月 28 日，全国政协围绕“注重家庭家教家风建设”召开网络议政远程协商会。15 名政协委员与家庭代表在全国政协机关和天津、上海、山东、陕西 5 个会场以及通过手机连线方式发了言，260 多位委员通过全国政协委员移动履职平台发表意见。

委员们建议，要加强顶层设计，将家庭家教家风建设纳入精神文明建设总体规划，构建政府引导、部门联动、家庭尽责、社会参与的工作格局。

把家庭教育纳入现代教育制度体系，补齐家庭教育学科建设短板。

把社会主义核心价值观融入家风建设中，培育新时代家风文化，以好家风带民风促社风。

创新基层治理，充分发挥社会组织的辅助作用，开展更加全面的婚姻家庭和育儿指导服务。

切实加强对城乡困境家庭、农村留守儿童、残疾儿童的关爱，让每个人都感受到家庭的温暖。

加强舆论引导，加大先进人物、典型事迹宣传力度，创新开展文明家庭、最美家庭等评选活动，讲好家庭故事，使家庭文明蔚然成风。

扫码读原文

滚蛋吧，穷神君！

这个世界上，最容易离开你不回头的，不是前任，是钞票；

这个世界上，最容易纠缠你求复合的，不是前任，是贫穷。

钞票如同无情的洛基，说跑就跑。

贫穷如同多情的宙斯，打也不跑。

打从有人类以来，贫穷、疾病、灾难这仨货如同厄运三兄弟，与人类如影随形，而且配合默契，经常相互助攻。即使人类一路打怪升级站在了食物链顶端，却依然摆脱不了这仨货的骚扰。尤其是“老大”穷神君，对人类有着超乎寻常的感情，好不容易送走了，没想到这货早就买好了返程票，嘴里唱着“常回家看看”又回来了。

穷神

我国古代就有正月初六“送穷鬼”的习俗。可送了上千年，穷鬼不但总也送不走，最后人家还提拔成“穷神”了，距离退休年头更长了。

成立新中国，进入新时代，穷神想享受“延迟退休政策”可没那么容易了。特别是自打2013年习近平总书记提出“精准脱贫”以来，我国贫困人口从2013年底的8249万人，降到2018年底的1660万人，贫困发生率也从2012年的10.2%降至1.7%。

相当于让整个法国的人口脱贫，创造了世界减贫史上的奇迹。

让这么多人脱贫，肯定得投入不少真金白银。不过脱贫这事儿，既要靠“黄金”，更要靠脑筋！

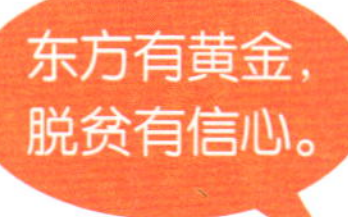

脱贫之后不是一劳永逸，还要提防返贫。有道是：

脱贫路上坎坷多，一不小心就倒车。
返贫因素何其多，堪称农村伏地魔。

（伏地魔：指潜伏在地下，随时准备让脱贫农户返贫的大魔头）

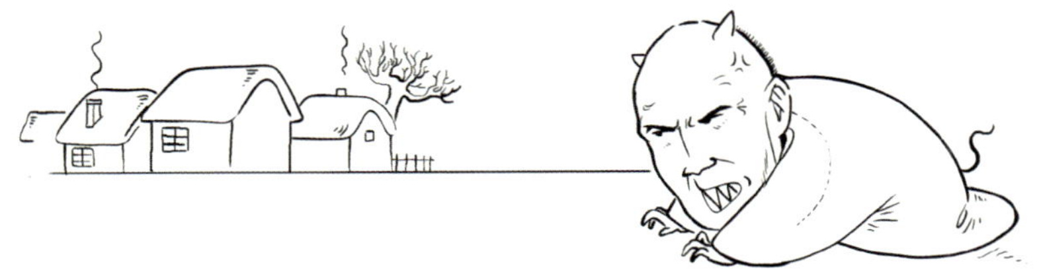

脱贫没有那么容易，每个穷神都有它的脾气。

由于地形、气候、交通等因素制约，贫困地区的群众无奈地发现：

脱贫比脱单还难，返贫比返券容易。

要想脱贫不返贫，简直如同过五关斩六将，一将还比一将强。

1. 先说环境

ROUND1: 山区

地无三尺平，种地好像打补丁。
山路像迷宫，进出几天人累蒙。

交通有些复古，
进山没啥好路；
企业隔山遥望，
特产烂入泥土。

ROUND2：旱区

几年不下一次雨，衣服脏了不敢洗。
有水先给庄稼喝，眼泪都得省着挤。

不毛之地
寸草不生

ROUND3：泄洪区

洪水年年到家来，毁我良田卷我财。

我本不是梁山伯，奈何爱上住英庄台。

这些非常不友好的客观条件不解决，脱贫基本上就俩字儿：凉凉。

2. 再说家庭

一场天灾一场病，孩子升学搞婚庆。
支出总比收入硬，家底变成无底洞。

ROUND 1：大病

2015 年因病返贫占比 48%，2016 年为 30%，2017 年为 36%。在所有返贫原因中，因病返贫始终排在首位。返贫帮“帮主”的名号可谓实至名归。

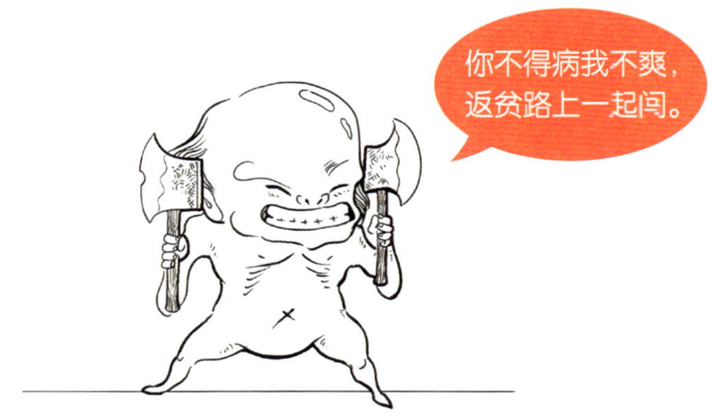

这个“帮”破坏力指数 5 颗星，小弟忒多……

村里郎中若等闲，得了大病心胆寒；
连忙赶到县医院，排队挂号到夜半。

廿五大病进医保，恶疾来袭哪容挑?
报销比例有限制，药费经常会花超。

ROUND 2：灾害

我国是大陆性季风气候，内陆多寒潮，沿海多台风，两家一联姻，造出龙卷风。

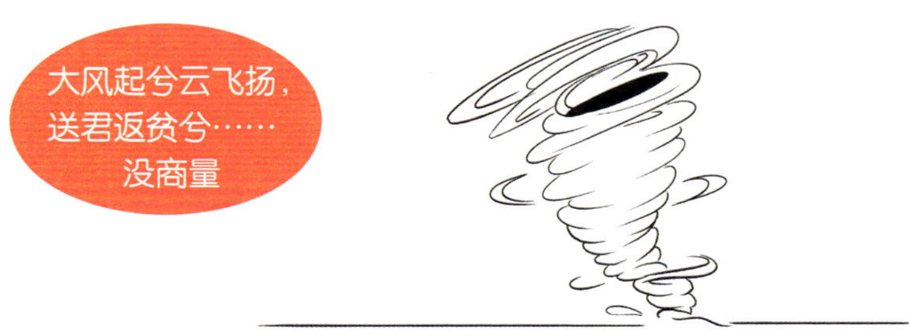

ROUND 3：上学

都说教育断穷根，娃要上学愁煞人。
君看学费不觉多，我看学费值万金。

ROUND 4：结婚

十万彩礼两万席，一套婚房三亩地。

金银首饰要配齐，买辆轿车当坐骑。

要想彻底送走穷神，就得从这些问题上入手。

为了保证脱贫成果，彻底防止返贫，2019 年 7 月 26 日，全国政协特地邀请了一批“最强大脑”，召开了一场“巩固脱贫成果，减少和防止贫困人口返贫”的双周协商座谈会。

各位漫友们，有问题别藏着，有疑惑别掖着，赶紧去关注会议，看看大咖们都给出了哪些建议吧！

2019 年 7 月 26 日，全国政协围绕“巩固脱贫成果，减少和防止脱贫后返贫”召开双周协商座谈会。10 位委员、1 位地方同志和 1 位专家学者围绕巩固脱贫成果、减少和防止返贫，从培育产业、扩大就业、医疗保障、教育培训、金融支撑等方面建言资政。100 多位委员在全国政协委员移动履职平台上踊跃发言。

委员们认为，党的十八大以来，以习近平同志为核心的党中央以前所未有的力度推进脱贫攻坚，创造了我国减贫史上的最好成绩。同时，受多种因素影响，有些地方脱贫成果尚不够稳固，高质量打赢脱贫攻坚战还有大量工作要做。为此，委员们建议，要严把贫困退出关，确保脱真贫、真脱贫。

保持扶贫政策和帮扶模式的稳定性连续性，坚持纠正贫困县摘帽后工作放松的做法。

把稳定就业作为巩固脱贫成果的主要措施，推动贫困劳动力有组织外出务工，加强职业技能培训，确保贫困家庭至少 1 人稳定就业。

加强对易地搬迁贫困群众的后续帮扶，做到搬得出、稳得住、逐步致富。

立足当地区位优势和资源禀赋，充分利用科技、金融、电商等支持手段培育特色扶贫产业，大力实现消费扶贫。

坚持扶贫与扶志相结合，宣传自主脱贫典型，激发脱贫内生动力。

开展脱贫人口“回头看”，构建脱贫人口、边缘人口返贫预警监测机制和应急救助机制，对因灾、因病等返贫者做到早发现、早帮扶。

织实社会保障安全网，保障丧失劳动能力人口基本生活，实现鳏寡孤独废疾者皆有所养。

扫码读原文

揭秘！彭祖为什么能向天再借八百年？

2019 年 10 月 25 日，国家召开了一次全国中医药大会，把各路大神聚到一起，研究了一下，怎么利用中医药防病治病的独特优势，让全国人民能够健康长寿。

说起长寿界的大咖，还得看“寿八百”的彭祖。

相传彭祖会养生、会食疗，靠一道鸡汤就俘获了尧帝的“芳心”。尧帝一高兴，还顺手送了他一座城。

虽说彭祖寿八百只是传说，却留下了很多宝贵的养生之道。

这些养生之道太深奥，我是不是连八十都活不到？毕竟泡着枸杞跳街舞，露着脚踝套秋裤，才是咱 90 后专属的养生大法。

健康这种大事儿，光自己操心还不够，还得国家作后盾。没有国家的和平稳定发展，哪来个人的生活水平提高？新中国成立之初，我国人均预期寿命不足 35 岁，而 2018 年这个数字是 77 岁。

过去几十年咱国家为百姓健康可真干了不少事儿：

- 2002 年，“中国健康扶贫工程”对准了“因病致贫”；
- 2009 年，新农合成了农村的基本医疗保障制度，从此农民更能踏实过日子；
- 2012 年，《中华人民共和国精神卫生法》颁布，彰显了国家对国民心理健康的重视；

……

如今更是出了个大招——“健康中国”。听起来高大上有没有？不过真聊起来，你侃得过北京 Taxi 吗？

为了不让大家在跟司机师傅的 battle 中败下阵来，今儿事儿哥就跟大家唠唠健康中国那些事儿。

1. 健康中国就是简简单单一个规划吗？当！然！不！是！

- 2016 年，国家发布《“健康中国 2030”规划纲要》，提出了健康中国建设的目标和任务。
- 2017 年，党的十九大作出了实施健康中国战略的重大决策部署。
- 2018 年 6 月以来，各有关部门起草编制了《关于实施健康中国行动的意见》《健康中国行动》和《实施和考核方案》。
- 2019 年 4 月 3 日，国务院常务会议审议了有关文件，卫生健康委根据意见进行了修改。
- 2019 年 6 月 24 日，相关文件正式印发。

一步步推进，一点点建设，健康中国可是凝聚了许多人的智慧。

2. 为啥要搞健康中国嘞？

新中国成立 70 年来，特别是改革开放以来，我国卫生健康事业可谓“风樯动，龟蛇静，起宏图”。

不仅走得快，而且走得稳。但是工业化、城市化、人口老龄化，不仅改变了咱的生活方式，也改变了疾病谱。

心脑血管疾病、癌症、慢性呼吸系统疾病等轮番上阵，光知道往大医院跑，却不晓得脑子里的健康常识胜过药。

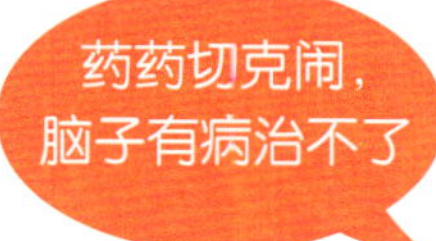

《“健康中国2030”规划纲要》中提出的“心脑血管疾病防治行动”“糖尿病防治行动”“职业健康保护行动”等一系列任务，都直接点明了要向纠缠人们多年的“病鬼”开战。

据调查显示，我国 35 岁以上人群中，有 34.7% 的人血脂异常。

正常人的血管就像一条宽阔的高速公路，红细胞、白细胞、血小板在公路上欢快驰骋，为人体各处送去所需的养分，但高血脂患者的血管就没那么顺畅了。

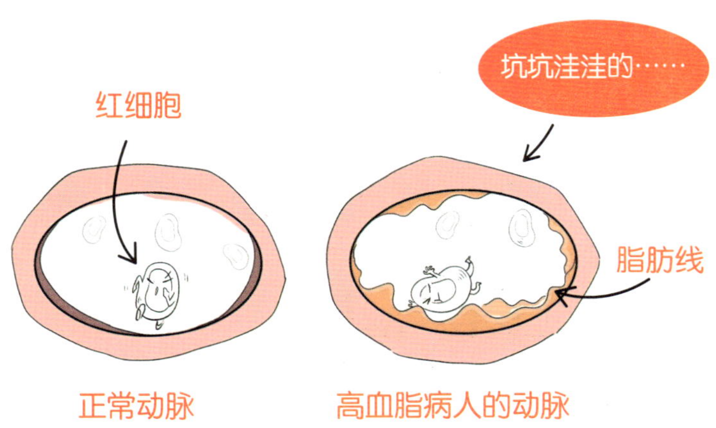

时间长了，血管里堆积的脂肪越来越多，就会导致动脉粥样硬化、冠心病等重大疾病，不得不防啊！

再比如，颈椎病。

看似人畜无害，实际是隐藏的大魔王。实验发现，低头角度越大，颈椎承受的压力越大。低头 45° 时，颈椎承受 22 公斤的重量，相当于在脖子上挂了俩大西瓜。

而且，颈椎病不但让你脖子疼，还会导致视力下降、记忆力下降，甚至突发心梗（真不是吓你）。

还比如，近视。

虽然不是病，闹起来很要命。有数据显示，我国近视人数已接近 4 亿人，一半以上是青少年，而且我国人口近视发生率也是世界平均水平的 1.5 倍。

更可怕的是，我国现在因糖尿病、慢性呼吸系统疾病等非传染性慢性病导致的死亡人数占总死亡人数的88%。导致的疾病负担也占疾病总负担的70%以上。

慢性病，也是很多人因病致贫返贫的重要原因。

许多慢性病的源头都是咱身上那几十斤五花肉。

所以你看，这事儿往大了说是“健康中国”，往小了说就是一句标语。

3. 挺好一事，干就得了。

简单说几个：

村里盛行血吸虫病，可政府派来的只有治感冒的医生——针对特性不够强，疾病防治也凉凉。

许多村民心里只有庄稼的健康，没有身体的健康——防治体系不完善，病重再治有点晚。

学医五年起，名医十年归——人才队伍建设亟待加强。

内科的张主任和外科的李医师一闹别扭，病人就惨了——专业分工碎片化，学科合作太缺乏。

说到底，健康是每个人自己的事。所以推进健康中国最好的方法就是广而告之。

这么重要的事情，咱政协自然也是“该出手时就出手”。

2019 年 11 月 8 日，全国政协组织大咖们研究如何“推进健康中国战略”。

专家委员们金点子多多，一定有一款适合你。

想了解更多关于健康中国的知识，就快去关注会议吧！

2019年11月8日，全国政协围绕“推进健康中国战略”召开双周协商座谈会。12位政协委员和专家学者围绕推进健康中国战略的政策法规、体制机制、宣传教育、科技支撑等建言资政。140多位委员在全国政协委员移动履职平台上踊跃发表意见。

委员们认为，推进健康中国战略的关键是实现“以治病为中心”向“以预防为中心”转变，要把增强全民健康意识摆在首要位置，加强健康知识教育宣传，将健康教育纳入国民教育体系，多形式打造健康科普平台，抓好群众体育运动特别是青少年体育活动，使“个人是自己健康第一责任人”理念深入人心。

开展全民健康筛查、疾病普查、心理疾病调查，完善慢性疾病防治体系，重视特殊疾病防治。

深化医疗、医保、医药联动改革，进一步完善医疗服务网络、医保支付方式和医药审批体制，健全中医服务体系，推动医疗卫生工作重心下移、资源下沉。

构建统一高效的“大卫生、大健康”管理体制，整合健康资源，强化部门联动，形成工作合力。

推进健康中国法治体系建设，完善立法，加强执法，健全健康标准规范体系。

推动 5G、人工智能、大数据等现代信息技术在健康领域应用，发展“互联网＋卫生健康”，提高健康治理现代化水平。

扫码读原文

敢侵犯公共利益？

小心告你

经济学上有这么一个实验——公共牧场水草丰美，牧羊人都觉得：反正不是俺家地，公地不用我打理，所以，敞开了吃吧我的羊！

这就是著名的“公地悲剧”概念。

别着急！事儿哥今天不讲经济学。提出“公地悲剧”主要想说明一件事：有时候公共利益斗不过个人利益，该咋办？

这个光荣的任务恐怕要落在“公益诉讼”的肩上。今儿事儿哥就来唠唠跟每个人都息息相关的“公益诉讼”。

诉讼大家都知道，双方矛盾处理不了，让法院给评评理。

公益诉讼是诉讼的一种，但针对的是公共利益受损。有的领域监管存在空白，有的部门权责界限不清，还有的部门该管的事不爱管不想管。这时候，无路可走的你就能体会到“公益诉讼”的好处。

第一好：提起公益诉讼的可以是国家检察机关，也可以是社会团体和个人等。

第二好：公益诉讼有民事公益诉讼，也有行政公益诉讼。也就是说，被告人可以是个人、企业，也可以是行政机关。

第三好：能管的事儿挺多，比如生态资源、食药安全、国有资产、英雄名誉……

连英雄名誉都能管啊?

听说过 2018 年杭州萧山烈士陵园的烈士名誉侵权案吗?两名被告穿着纳粹制服拍照，还传到网上，最后就被检察机关提起公诉了。

有人会问，打官司总得花钱吧?

其实得分情况：官司赢了，原告不花钱；官司输了，原告要花钱，但国家会跟你一起分担。

说起来，现代公益诉讼的概念来源于 20 世纪 70 年代的美国，直到 90 年代初才进入我国法学界的视野。

现在插播我国检察公益诉讼“第一案”给大家解释：

话说 1997 年，河南方城某工商所卖了个房，但这房是国有资产，国家不同意你能随便卖？于是就被好些个群众举报到检察院了。

检察院作为原告上诉到法院，请求判决买卖契约无效，最终胜诉。

没有做不到，只有想不到。这个案件堪称“公益诉讼开山之作”。接下来的一波操作，更霸气！

2012 年《民事诉讼法》修订，里面增加了一句霸气侧漏的话："对污染环境、侵害众多消费者合法权益等损害社会公共利益的行为，法律规定的机关和有关组织可以向人民法院提起诉讼。"

发现没，公益诉讼制度地位由此确立。

这就好比找到了公益诉讼大门的钥匙，门一开，公益诉讼的制度建立就上了“快车道”：

- 2014 年党的十八届四中全会提出“探索建立检察机关提起公益诉讼制度”；
- 2015 年通过《检察机关提起公益诉讼改革试点方案》；
- 2017 年正式确立检察机关提起公益诉讼制度；
- 2018 年修订人民检察院组织法，公益诉讼成为检察机关的职权之一；

……

这些年成功的案例有很多，
举两个例子说一说！

比如 2015 年“最严环保法”生效当天，福建南平一起违法开矿案件，导致周围天然林地彻底玩儿完。民间环保组织看不下去了，立马起诉，拿下“一血”。

又比如，2018 年最高检专门搞了个“保障千家万户舌尖上的安全”专项监督活动。有了这项活动，检察机关立案的相关公益诉讼案已超过 7 万件。

还有个数据：2017 年 7 月至 2019 年 9 月，我国共立案公益诉讼案件超 21 万件，追偿修复生态、治理环境费用超 34 亿元。

当然，成效是不错，难点也不少。为啥难？先看看检察机关公益诉讼的流程是啥样的——

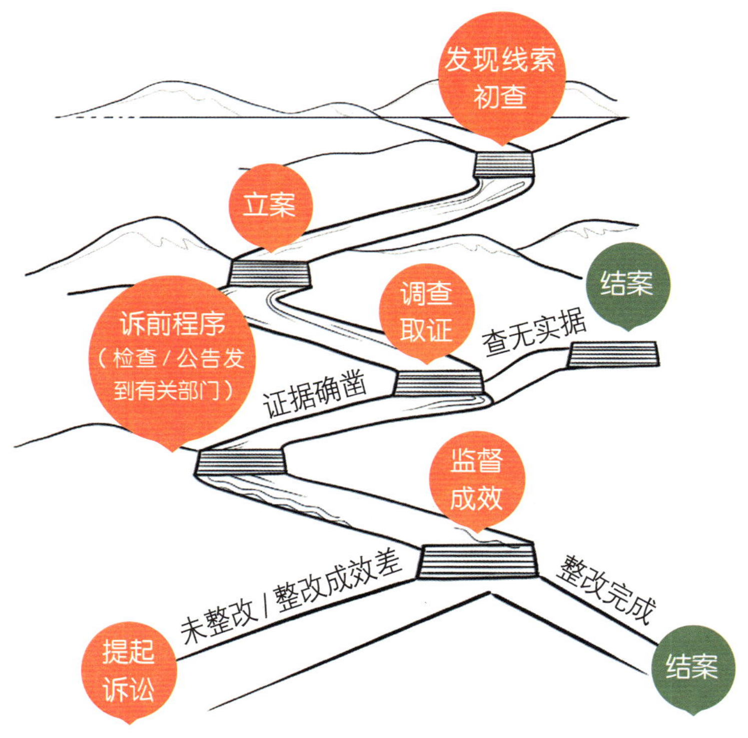

以上就是“全流程诉讼”。

2017 年 7 月至 2022 年 6 月底，全国检察机关共立案公益诉讼案件 67 万余件，其中，民事公益诉讼 5.8 万件，行政公益诉讼 61.4 万件。

检察院牵头，各部门一块使劲儿。想打好这套“组合拳”，得先翻过两座大山。

首先，公益诉讼法律制度不完善

符合检察公益诉讼规律特点的法律规范体系还不够完善。而且，各部门常态化的协作机制也不够顺畅。

其次，人……是真的不够用

公益诉讼这活儿光有热心肠还不够，找线索、下判决、督执行，样样都得会。这样的专业高素质人才真不是一抓一大把。

2019 年 11 月 22 日，全国政协围绕“协同推进公益诉讼检察工作”召开了双周协商座谈会。大家还有啥不懂的，想问的，就快去关注会议吧！

2019年11月22日，全国政协围绕“协同推进公益诉讼检察工作”召开双周协商座谈会。12位政协委员和专家学者围绕公益诉讼检察工作的理论基础、实践探索、协同机制、队伍建设、公众参与等建言资政。近120位委员在全国政协委员移动履职平台上踊跃发表意见。

委员们建议，要积极稳妥拓展检察公益诉讼范围，在做深做好现有领域基础上，探索将安全生产、公民个人信息保护、未成年人保护等纳入诉讼范围，回应人民群众关切。

把握好法定职责和工作原则，明确行政机关、公益组织、检察机关提起诉讼的顺位和相关程序，加强检法协同。

加强公益诉讼检察工作与行政执法的衔接，完善信息资源共享、案件线索移送、配合调查取证等工作机制。

建立健全公益诉讼专家辅助人制度、专家咨询制度，完善司法鉴定制度，解决案件鉴定成本过高、周期过长等问题。

建立环境公益诉讼大数据平台，明确生态修复验收标准，提高诉讼后环境修复的科学性规范性。

加大宣传力度，讲好公益诉讼检察故事，畅通公众参与渠道，形成保护公益“人人负责、人人尽责、人人共享”的良好社会风尚。

扫码读原文

6周年，厉害了我的“一带一路”！

葡萄美酒夜光杯，留学旅游进博会。
修桥铺路赚外汇，“一带一路”自在飞。

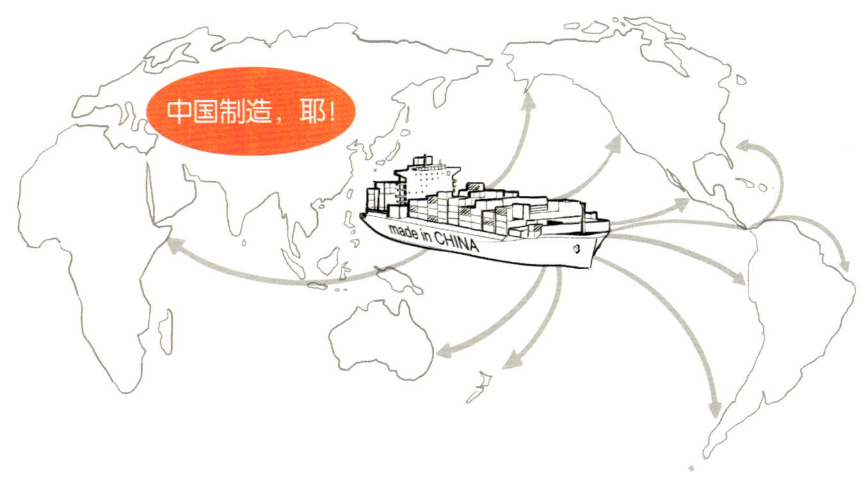

时间过了6年，“一带一路”就刷屏了6年。沿线的国家也跟着越来越火，连漫姐儿都管不住激动的小手了。

漫姐儿 2020 旅游计划

√ 2 月：泰国自由行，热带水果 + 海鲜，冬阴功配咖喱饭！

√ 5 月：波兰文化之旅，华沙老城、肖邦音乐，来点文艺范儿！

√ 8 月：俄罗斯避暑，“战斗民族”狂野美食汇！

√ 10 月：希腊爱琴海上泛小舟

√ 12 月：迪拜过冬，苍茫的沙漠是我的爱……

总结：控制不住我寄几，“一带一路”前进进！！！

别光想着玩儿，既然 6 周年了，你还记得啥是“一带一路”不？

“一带一路”，不就是丝绸之路和……和什么来着？

“一带一路”，指的是“新丝绸之路经济带”和“21 世纪海上丝绸之路”。

今天事儿哥就跟大家絮叨絮叨“一带一路”那些事儿……

首先，咱宏观感受下“一带一路”线路图。

这么大的朋友圈，还真得感谢俩老朋友。

第一个是张骞。

2000 多年前，骞儿哥在汉武帝的支持下两次出使西域，不仅和周边国家沟通了感情，更打通了“古丝绸之路”，让中亚、欧洲火速刮起最炫“中国风”。

第二个是郑和。

600 多年前，郑和七下西洋，让亚欧非人民成了最早的“海淘剁手党”。

到了 21 世纪，咱国力日渐强盛，“创新潮”掀起，“中国造”流行，还顺带俘获了一大批“老外粉儿”。

就这样，跟他们的贸易合作多了，咱出口多了，外汇多了，荷包也鼓了！

听着很拉轰，可这跟“一带一路”有啥关系？“一带一路”，说白了就是咱们要和这两条线上的国家一起发展，一起合作。有没有感觉到，中国梦与世界梦的同频共振？

光说没用，来看看“一带一路”成果展。

2013—2018年，中国企业在沿线国家完成对外承包工程营业额超过4000亿美元。

修桥补路造港口，中国基建有一手

具体来讲，咱现在出口多了，挣的外币没地儿花，正好“一带一路”沿线有兄弟日子不好过，咱把钱借给他收利息，再帮他搞基建。好兄弟少花钱修了路，咱也花掉外汇赚到钱，是不是一举多得？

2022年1-11月，我国对“一带一路”沿线国家承包工程完成营业额766.5亿美元，同比增长8.2%。

而且，贸易壁垒降低了，自由化、便利化噌噌提高，“一带一路”沿线国家的进口商品价格优、品类全、速度快，喜欢买买买的海淘族，赶快开始“剁手”了。

还有一组数据：

2012 年以来，我国有 35 万余人赴“一带一路”沿线国家留学。喜大普奔！年轻人留学选择更多元啦！

新“丝路”、新环境、新学法。

喜欢旅游的朋友看过来：

中国已经和 57 个沿线国家缔结了涵盖不同护照种类的互免签证协定，中国护照的含金量越来越高了。

基础建设我帮你，我出钱来我出力。
拉动外贸享红利，留学旅游要看齐！

眼一睁一闭，6 年过去了。“一带一路”倡议也从“大写意”转入“工笔画”。

工笔画可不好画，一起看看阻力都有啥?

基建协调难！难！难！

“一带一路”横跨几大洲，但沿线国家基建差距大，说联通就联通？哪儿那么容易……不同国家的铁轨“一轨千面”，要运个货，得费多大劲呐？！

教科文领域合作浅！浅！浅！

多个领域的交流合作，国家开了头、打了样，但民间组织后续如何对接，也是个难题！

不过，大家要对咱的“工笔画”有信心！只要思想不滑坡，方法总比困难多。

2019 年 11 月 8 日，全国政协召开了“一带一路”研讨会，围绕推动共建“一带一路”高质量发展深入研讨，议政建言。

想知道大咖们在会上都聊了点啥吗？还等什么？关注会议，走起！

2019 年 11 月 8 日，全国政协外事委员会围绕“一带一路”召开研讨会。13 位委员作研讨发言。

习近平总书记 2013 年提出“一带一路”倡议以来，“一带一路”建设取得令人瞩目的成就，为沿线国家和地区经济社会发展注入新动力，给沿线各国人民带来实实在在的福祉。

实践证明，共建“一带一路”顺应经济全球化的历史潮流，顺应全球治理体系变革的时代要求，顺应各国人民过上更好日子的强烈愿望，为各国实现共同发展繁荣开辟新的路径，展现出强劲的生命力和广阔前景。

当今世界处于百年未有之大变局，推动共建“一带一路”高质量发展，对世界各国人民携手应对人类面临的各种风险挑战，实现互利共赢、共同发展意义重大。

要秉持和遵循共商共建共享原则，坚持绿色、开放、廉洁理念，与各方一道，明确合作重点，着力加强全方位互联互通。继续把共建“一带一路”同各国发展战略、区域和国际发展议程有效对接、协同增效。聚焦发展根本问题，释放各国发展潜力，维护多边贸易体制，扩大市场开放，提高贸易和投资便利化程度，坚持创新驱动发展，共同推动建设开放型世界经济。拓宽融资渠道，降低融资成本，搭建更加开放包容的融资平台。增进文明交流互鉴，扩大人文交流，促进民心相通。

扫码读原文

谁开发、谁保护，

谁破坏、谁恢复……

都 SEI 跟 SEI 啊

远瞧忽忽悠悠，近看飘飘摇摇。

不是葫芦不是瓢，更不是一帮光头洗澡，

仔细一看，您猜怎么着——

好家伙！黑乎乎的江水咕嘟咕嘟在冒泡儿……

银河系现已污染，
星际舰队迅速撤离

环境污染问题本就是个老大难，国家也是操碎了心，比如搞了个“生态补偿”。那么，“生态补偿”是个什么鬼？

和所有我们听不太懂的名词一样，生态补偿的定义也是“斩不断，理还乱”——

简单来说，就是国家和污染环境的人为了激励和补偿保护环境的人，给钱、给政策、给服务。

以前咱国家搞环保，可谓简单粗暴，面对污染环境的个人、企业，基本“一刀切”，罚款、关停了事。

长时间下来，企业亏了，买卖赔了，环境也没好到哪儿去。

一根扁担两边挑，“金山银山”“绿水青山”都得要。

这不，政府赶紧找了帮手——法律、经济、技术、行政，四大天王手段齐发力，也就有了现在的“生态补偿机制”。

简单说来四句话：

谁开发、谁保护，
谁破坏、谁恢复，
谁受益、谁补偿，
谁污染、谁付费。

别的好懂，啥叫“谁受益、谁补偿”？

举个例子，为了北京人民少受沙尘暴的罪，河北人民只好退耕把林造，得了好处的北京人民同样得拿出点好处给河北人民，这就叫“谁受益、谁补偿”。

补偿方式有很多种：

- 货币补偿——给钱
- 实物补偿——给东西
- 智力补偿——给咨询服务
- 政策补偿——给有利政策
- 项目补偿——给工作机会

后两个再多说几句：比如 2006 年山东省政府就花钱买了湿地作物种苗芦竹，鼓励农民来种，政府又牵头跟一些造纸企业签订芦竹收购终身制合同，种多少都“包销”，目标就是：农民吃饱饭，湿地更好看！

说起来生态补偿在国际上也不是新鲜事儿，英国、德国、瑞士等都有相关政策。

从 20 世纪 90 年代起，我国的许多法律条文就出现了生态补偿的影子——

- 《中华人民共和国矿产资源法》（1996 年）
- 《中华人民共和国森林法》（1998 年）
- 《中华人民共和国海域使用管理法》（2001 年）
- 《中华人民共和国水法》（2002 年）
- 《中华人民共和国渔业法》（2004 年）
- 《中华人民共和国畜牧法》（2005 年）
- 《中华人民共和国水污染防治法》（2008 年）
- 《中华人民共和国海岛保护法》（2009 年）
- 《中华人民共和国水土保持法》（2010 年）
- 《中华人民共和国农业法》（2012 年）
- 《中华人民共和国草原法》（2013 年）

但生态补偿真正出名还得从新安江说起：

新安江是钱塘江水系的上游，也是安徽、浙江两省的母亲河，污染最严重时水质曾达到劣 V 类。

由于新安江流经两省，所以一度陷入同一流域分省管理的窘境。

为了改善水质，2012 年两省搞了个横向生态补偿试点，最大亮点就是“水质对赌模式”。

具体来说是这样的：

首先，中央财政拿出 3 亿元，安徽、浙江分别拿出 1 亿元，开展为期 3 年的水质治理。

3 年之后，如果水质达标，浙江作为下游受益方，要给安徽 1 亿元。

如果水质不达标，安徽作为上游污染方，要给浙江 1 亿元。

当然，因为安徽在上游，治理污染成本更高。所以不论谁赢，中央这 3 亿元最后都会给安徽。安徽也挺争气，6 年两轮对赌下来，每回都赢。

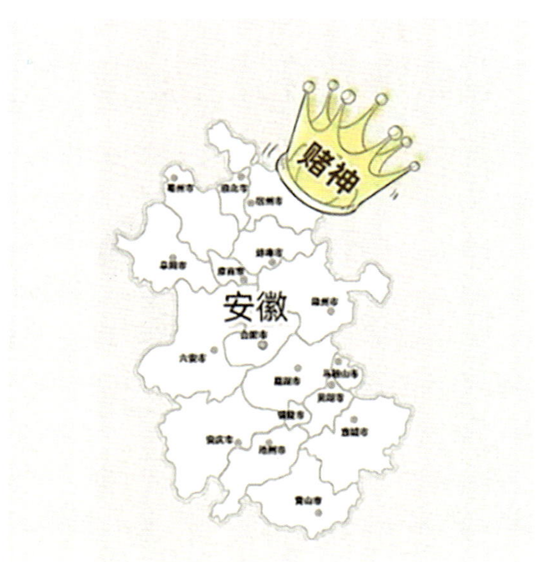

是不是感觉浙江亏大了？

其实，浙江一点儿也不亏！你要知道浙江在下游，上游水质好了，下游还不偷着乐？

所以，生态补偿的对赌结果就是剪刀手——双赢。

新安江的试点经验给了咱信心，但生态补偿这事儿，真没那么简单。

刚才只说到跨省。其实跟生态环境相关的领域特别多，包括森林、湿地、荒漠、海洋、水流、耕地……管事儿的单位就更多了，很容易出现扯皮推诿的“九龙治水”现象。

刚才还提到各种法律，偏偏生态补偿单蹦个儿的立法跟不上趟。《生态补偿条例》2010 年就“受孕”，这么多年过去了，至今“难产”！

最头疼的恐怕还是钱的问题。

目前生态补偿的资金来源只有中央和地方财政，钱就这么多，僧多粥少可咋办?

2019 年 12 月 5 日，全国政协召开了“建立生态补偿机制中存在的问题和建议”双周协商座谈会，大咖云集，所向披靡。

各位漫友，对“生态补偿”的话题，有啥不明白的，有啥想问的，都可以关注会议，看看大咖怎么说!

2019年12月5日，全国政协围绕“建立生态补偿机制中存在的问题和建议”召开双周协商座谈会。12位政协委员和专家学者围绕生态补偿的资金投入、协调机制、社会参与、法治保障等建言资政。160多位委员在全国政协委员移动履职平台上踊跃发表意见。

委员们建议，要推进生态补偿立法，明确补偿原则、领域、范围、对象、标准、资金来源及相关利益主体的权利义务等。

继续发挥财政资金的主渠道作用，适度增加对禁止和限制开发区域财政转移支付，同时加强项目实施及资金使用监管，提高生态补偿综合效益。

加快建设市场化、多元化生态补偿机制，推行排污权、碳排放权、水权、林权等市场化交易，探索建立“生态银行”体系，引入“特许经营权”拍卖制度，打通“绿水青山”向“金山银山”的转化通道。

加强补偿资金整合，推进相关部门之间信息共享，加强跨区域生态补偿的统筹协调。

健全生态资源动态监测体系和生态系统价值核算指标体系，引入第三方机构客观科学评估生态资产价值和生态保护成本，为建立生态补偿机制奠定坚实基础。

扫码读原文

后　记

能够把《有事漫商量》公众号的文章结集成书，我们欣喜异常。它的出现，背后是一众“隐姓埋名”者三年多的付出，闪耀着的是集体的智慧。

从传统媒体向新媒体转型，我们其实没有太多的经验可循，只能摸着石头过河。团队里大多是传统媒体人出身，漫画、视频人员更是“兼职”。但转型迫在眉睫，不管能否成功，硬着头皮也得上。

面对各种“硬骨头”，到底咋下嘴？团队甫一成立，就拿出了自己的看家本领——商量。于是我们不是在开会，就是在准备开会。面对全国政协宏大的协商议政主题，在“趣”“用”“品”“情”四字真言的加持下，大家围坐在一起，你一言我一语地各抒己见。

开会不是形式主义，大家都是有备而来。讨论的除了文章篇幅、读者受众、风格尺度等“虚”的话题，更多是关于文章切入角度、语言风格转化、漫画插图设计等实实在在的“干货”。从字词标点到行文逻辑不一而足，金点子、好主意也在不停碰撞中接连出现。可以说，从策划动笔到公众号发表，每篇成品都少不了七八次这样的碰撞。而推倒重来、十易其稿也便成了家常便饭。

杨绛先生说，所有付出，都不会被辜负。先生说得真对！在文章发表那一刻，什么熬夜的熊猫眼，什么冒出的美丽痘，什么脱落得没几根的秀发，都显得不再那么重要，团队中那一个个迷惘的小眼神好像突然又亮堂了几分。

人们常说，事非经过不知难。所有的成功，背后都是不为人知的艰辛。欣喜之余，回想三年多来走过的路，对艰辛的感悟愈加深刻，对前行的道路也愈加坚定。

阅读是一种享受，而写作是一种痛并快乐着的享受。在享受之余，我们心中也充满了感恩。因为在策划和写作过程中，我们不仅得到许多领导、同行的关怀、帮助，还借鉴了其他人智慧的精华；同时，由于时间紧张、水平有限，书中提到的部分法律条文或数据未能及时更新，一些作品没能达到大家的期望，读者朋友也宽容地包涵了我们并给出积极的建议，在此一并向他们致以诚挚的谢意。

每一天都是崭新的开始，每一步都有不同的风景。相信劳动的价值不会磨灭，也希望我们加以修订结集而成的图书能给读者朋友们带来更多的精神财富。

您的支持，是我们一直走下去的最大动力。愿未来的路上，一直有您。

有事漫商量团队

2022 年 11 月 3 日

图书在版编目（CIP）数据

有事漫商量 / 人民政协报社，人民政协网编 . -- 北京：中国文史出版社，2022.7

ISBN 978-7-5205-3626-4

Ⅰ . ①有… Ⅱ . ①人… ②人… Ⅲ . ①中国人民政治协商会议—参政议政—文集 Ⅳ . ① D627-53

中国版本图书馆 CIP 数据核字（2022）第 169571 号

责任编辑：梁　洁

出版发行：中国文史出版社
社　　址：北京市海淀区西八里庄路 69 号　邮编：100142
电　　话：010-81136601　81136698　81136648（联络部）
　　　　　　010-81136606　81136602　81136603（发行部）
传　　真：010-81136677　81136655
印　　装：北京地大彩印有限公司
经　　销：全国新华书店
开　　本：889mm × 1194mm　1/32
印　　张：7.375
字　　数：50 千字
版　　次：2023 年 1 月 北京第 1 版
印　　次：2023 年 1 月 第 1 次印刷
定　　价：49.00 元